프로강사 시크릿

내 삶을 책으로
사람이 책이다

단 한 번뿐인
소중한 우리의 인생

내 인생을 나답게
당당하고 멋지게 살고 있는
당신에게 이 책을 전합니다

초판 1쇄 발행   2025년 11월 20일

지은이_ 박선희 김미현 강혜라 송원영 박채은 최영숙
펴낸이_ 박선희
펴낸곳_ 도서출판 창조와 지식
디자인_ 박선희
인쇄처_ (주)북모아

출판등록번호_ 제2018-000027호
주소_ 서울특별시 강북구 덕릉로 144
전화_ 1644-1814
팩스_ 02-2275-8577

ISBN: 979-11-6003-956-6
정가 18,000원

이 책은 저작권법에 따라 보호받는 저작물이므로
무단 전재와 무단 복제를 금지하며
이 책 내용을 이용하려면 반드시 저작권자와
도서출판 창조와 지식의 서면동의를 받아야 합니다.

잘못된 책은 구입처나 본사에서 바꾸어 드립니다.

지은이 소개

1. 박선희: 더원인재개발원대표, & 더원출판사 운영
   한국자서전협회 사무국장, 교육학박사수료
2. 김미현: 항공누리어린이집 원장, 교육학박사
   위더스평생교육원교수, 경상대 보육과정강사
3. 강혜라: (재)경남테크노파크 재직(15년), 경영학석사
   ㈜ESG경영연구원 컨설턴트, 기술평가사
4. 송원영: ㈜워너비즈 대표이사, 중소벤처기업진흥공단
   전문위원, 국제뷰티의료재단 부산지회장
5. 박채은: 박채은의 기분 좋은 스피치
   프리랜서 아나운서, IR 컨설턴트
6. 최영숙: 움지기어르신학교 교장, 교육학박사수료
   위더스평생교육원교수, 경남여성가족재단 이사

프롤로그

이 책은 전자책출판 작가과정을 수료한 각 분야의 프로 강사들이 강사를 꿈꾸는 초보 강사들을 위하여 쓴 리얼 스토리다.

강의를 처음 시작하는 사람에게 가장 어려운 것은 '컨텐츠'가 아니라 '마음'이다. 잘하고 싶은 마음, 비교되는 마음, 두려움, 기대, 설렘이 모두 뒤섞인다. 이 책은 그 마음을 지나온 강사들이 후배 강사들을 위해 남긴 성장 로그다.

이론 대신 현장을 담았고, 정답 대신 경험을 담았다. 청중과의 거리감, 상처가 되는 피드백, 반복되는 슬럼프, 열정이 사라진 순간까지 솔직하게 기록했다. 강의는 말하는 기술이 아니라 사람을 마주하는 힘이라는 것을 몸으로 깨달은 이들의 이야기다.

'프로 강사'는 단번에 탄생하지 않는다. 흔들리고, 실패하고, 복기하고, 다시 서는 과정을 통해 만들어진다. 이 책은 그 길 위에 선 모든 초보 강사에게 보내는 작은 신호탄이다. 당신도 곧 누군가의 자극이자 모델이 될 수 있다. 이 책이 그 출발점을 밝혀줄 것이다.

프로강사 시크릿

전자책출판 작가과정 작

목 차

지은이 소개 ——————————————— 5

프롤로그 ——————————————————— 6

제1장. 박선희 작가
   그대, 프로 강사를 희망하는가? ——————— 10
제2장. 김미현 작가
   나는 원장 강사 ——————————————— 36
제3장. 강혜라 작가
   나는 변화의 씨앗을 심는 강사다 ——————— 68
제4장. 송원영 작가
   그래서 나는 강사가 되었다 —————————— 94
제5장. 박채은 작가
   입으로 먹고 살아요 ————————————— 118
제6장. 최영숙 작가
   프로 시니어 강사를 꿈꾸는 그대에게 ————— 140

에필로그 —————————————————— 170

나에게 강사란?

1톤의 지식보다 1그램의 실천을 돕는 나침반이다

1장

박 선 희

그대, 프로 강사를 희망하는가?

▍작가 소개

- ☑ 더원인재개발원 대표 & 더원출판사 운영
- ☑ 한국자서전협회 사무국장 및 창원지사장
- ☑ ㈜ESG경영연구원 이사, (재)경남여성가족재단 강사
- ☑ 교육학박사수료
- ☑ 기업교육 및 컨설팅, 출판

▍연락처

- ☑ 이메일 : ipsunny@hanmail.net
- ☑ 블로그 : https://blog.naver.com/wakeupsun
- ☑ 오픈채팅 : https://open.kakao.com/o/g9wZ4Yvh
- ☑ 네이버검색: 오이 작가, 박선희 작가

#1

강의 계기
나를 바라봐

"강사가 된 계기가 무엇인가요?"
"언제부터 강사를 꿈꾸었나요?"
"다시 태어나도 강사하고 싶으세요?"
이런 질문을 받으면 떠오르는 분이 있다.
유병근 선생님. 나의 초등학교 4학년 담임선생님이다.

선생님은 글쓰기를 좋아하는 나를 눈여겨보셨다.
"선희야, 시조 백일장에 작품을 내보렴. 네가 할 수 있어."
"제가요? 제가 잘할 수 있을까요?"
"그럼! 기회는 우연히 찾아오는 거란다. 용기 있는 사람만 그걸 잡을 수 있어."
선생님의 따뜻한 눈빛이 나를 응원했다.

며칠 후, 내 작품이 장원으로 뽑혀 운동장에서 전교생 앞에 나가 발표를 해야 했다. 난생처음 잡아본 진짜 마이크였다. 어린 시절 퇴근한 아버지가 사 온 맛낫 핫도그. 가족 앞에서 노래 부르며 잡던 그 핫도그 마이크와는 차원이 달랐다. 발표 날이 다가올수록 마음이 초조해졌다. 연습하고 또 연습했다.

시상식 당일. 운동장에서 수많은 학생들과 선생님들이 있었다. 선생님의 지시에 따라 맨 앞에 서서 순서를 기다렸다. 운동장에 울려 퍼지는 음악소리도, 선생님의 진행하는 목소리도 들리지 않았다. '쿵쾅쿵쾅', 심장이 귀에까지 들릴 정도로 뛰었다.

마이크 앞에 섰을 때 세상이 빙글빙글 돌았다. 그때였다. 단상 아래의 유 선생님이 손을 흔들었다. 단상에 오르기 전 선생님의 말씀이 떠올랐다.
"선희야, 수백 명이 아니라 한 명과 이야기한다고 생각해 봐. 나를 바라봐."
그 말이 생각나니, 갑자기 주변이 조용해졌다. 운동장에 있던 수백 명의 얼굴이 흐릿해지고, 선생님의 얼굴만 선명히 보였다. 영화의 줌인(zoom-in)처럼 300명의 눈은 흐릿하게 보이고, 한 명의 눈이 선명하게 보였다. 안심이다.

"제목은 '가을'입니다. 저는 4학년 10반 박선희입니다."
목소리가 떨리지 않았다. 선생님 한 명과 말하듯 또박또박 읽어나갔다. 발표가 끝나자, 우레와 같은 박수가 운동장을 가득 채웠다. 나는 그 순간의 희열을 아직도 잊지 못한다.

누군가가 귀 기울여 내 이야기를 들어 줄 때의 희열. 끄덕여주는 모습. 인정받는 느낌. 전기가 흐르는 것처럼 짜릿했다. 한결 걸음이 가벼워졌다. 단상에서 조심조심 내려왔다. 담임 선생님이 내 머리를 쓰다듬고 엄지척 손을 보이며 미소 지었다.
"잘했어, 정말 잘했어."
그 순간 나는 하늘을 나는 듯 행복했다. 상품으로 받은 금장 만년필을 꼭 쥐었다. 그 만년필은 내게 앞으로 더 잘할 수 있다는 자신감을 심어줬다.

이 경험은 내 인생을 바꿔놓았다. 내 이야기를 들어주는 누군가의 눈빛, 고개를 끄덕여주는 모습에서 나의 가치를 발견했다. 그 이후로 나는 계속 사람들 앞에 서고 싶어졌다. 그 설렘을 다시 느끼고 싶었다.

마이크는 단순한 도구가 아니었다. 그것은 나를 성장시킨 상징이었다. 두려움을 용기로 바꿔준 매개체였고, 사람과 사람을 연결해 주는 다리였다. 그 위에서 나는 나의 목소리를 찾았고, 나만의 이야기를 세상에 전할 수 있었다.

어린 시절의 작은 도전이 내 삶 전체에 걸쳐 파문처럼 번졌다. 지금 나는 강의실에서, 무대 위에서, 글 속에서 또 다른 나의 이야기를 써 내려가고 있다. 그리고 그 이야기를 듣고, 읽고, 공감해 주는 이들이 있다는 사실이 나를 다시 한 번 설레게 만든다.

나는 이제 안다. 기회는 우연히 찾아오지만, 그것을 붙잡는 것은 용기다. 그리고 그 용기는 누군가의 믿음에서 비롯된다. 내게는 유병근 선생님의 따뜻한 눈빛이 있었고, 지금은 내가 누군가의 삶을 바꾸는 눈빛이 되고 있다. 하늘을 나는 듯했던 그날의 행복, 금장 만년필을 쥐었던 손끝의 떨림, 그리고 청중의 박수소리. 그 모든 순간들이 지금의 나를 만든 밑거름이 되었다.

"강의가 두려우세요? 그럼 한 명만 바라보세요."
나는 빙그레 미소 지으며 말했다. 학생들도 미소를 지었다. 이제 나는 사람들에게 자신감을 심어주는 존재가 되었다. 그때의 유 선생님처럼, 나도 누군가의 삶을 바꾸는 사람이 되고 있었다. 마이크의 설렘은 내 삶을 풍성하게 만들어 주었다.

#2

강의 분야
E9 외국인 근로자 특화훈련
직무교육 & 한국어교육
감성소통, 팀워크, 리더십

코로나 시국은 또 다른 기회를 열어주었다. 그 시기에 나는 한국어 교원 2급 자격증을 취득했다. 원래 이 자격증은 외국인을 대상으로 한국어를 가르치기 위한 것이었다. 일하면서 자격과정을 이수하는 것은 힘들었다. 새벽 시간에 인터넷강의를 듣고 과제를 했다. 봉사활동을 염두에 두고 시작한 일이었기에 꾸준히 매달릴 수 있었다.

본래라면 실습을 위해 서울의 기관까지 가야 했다. 실제로 모의 수업도 진행해야 했다. 코로나로 인해 모든 과정이 온라인으로 전환된 덕에 오히려 편하게 자격을 얻었다.

"박대표, 외국인 강의 해 볼래요. 소통강의는 잘하니까 외국인도 할 수 있을 것 같아서."
"어느 나라예요?"

"인도네시아와 베트남"

"해 볼께요. 마침 한국어 교원 2급 자격도 있습니다"

"오. 한국어 교원 자격 있어요?"

평소 내게 기업강의를 주는 전OO 팀장이 어느 날 내게 교육 프로그램 안내장과 함께 강의를 제안하였다.

"E9외국인 근로자 특화훈련"

E9 외국인 근로자 특화훈련은 대한민국 고용허가제(E-9 비자)를 통해 입국한 외국인 근로자들이 국내 산업현장에 원활히 적응하고, 직무역량을 높일 수 있도록 지원하는 맞춤형 직업능력개발 프로그램이다.

주로 제조업, 농축산업, 건설업 등 중소기업에 종사하는 외국인을 대상으로 하며, 안전교육, 기초직무능력, 한국어, 산업특화기술 등의 교육이 포함된다. 창원은 공단 도시라 중소기업이 종사자가 많은 곳이다. 외국인 근로자도 증가추세다.

훈련은 한국산업인력공단 및 지역의 직업훈련기관을 통해 제공된다. 사업주는 자율적으로 근로자 교육 참여를 지원할 수 있다. 교육비는 대부분 정부가 부담하거나 일부 기업이 공동 분담한다.

처음 외국인 근로자들을 대상으로 직무 강의를 하게 되었을 때, 내가 가진 사업주 훈련 강사로서의 이력과 한국어 교원의 자격증이 시너지 효과를 낼 것이라고는 상상도 못 했다. 기업에서 필요한 직무 능력과 함께 한국어 교육을 동시에 제공하는 나의 강의는 기업들로부터 큰 호응을 얻었다. 지금은 한국폴리텍대학교에서 강의를 한다.

수강생은 대부분 3~4개월동안 한국어와 기초 기술만 배우고 한국에 일하러 온다. 직무 마인드를 아직 갖지 못한 20대 청년들이 많다. 올해 1월 초의 일이다. 현장에서 가장 많이 듣는 한국말이 무엇인지, 서로 알아보는 시간을 가졌다.

"지금 머 하노?"
"와 그라노?"
"오데가노?"
"쫌."
"고마해라"

서툰 한국어를 겨우 말하는데, 이들에게 경상도 사투리는 또 다른 외국어였다.

"00팀장님 목소리가 커요. 화내요."

단지 한국인이라서, 언어가 달라서 소통이 안되는 것인가? 아니다. 현장의 한국인은 50대가 대부분이다. 수강생들의 아버지 나이다. 아버지와 소통이 잘 되는지 물어보았다.

"아버지는 말레이시아에서 보석 가공을 합니다."

"만약, 푸쿠씨가 아버지와 같이 일하는데, 유리를 깼다면 어떻게 할까요?"

"아버지 화내요."

"마찬가지예요. 한국인이라 소통이 안 되는게 아니라 나이차이, 세대 차이 때문이예요"

번역기를 돌려가며 서로 소통한다. 그제서야 세대 차이 때문임을 알게 되고, 이해한다.

"상대를 알고 싶다면 그의 가죽신을 신고 10킬로를 걸어보라" 인디언 속담이다. 상대방 입장이 되어봐야 알 수 있다. 수강생을 만나면서 느낀 것은, 결국 사람의 마음을 움직이는 데는 언어 이상의 진심이 필요하다는 것이다.

한 반에 4개 나라 외국인을 가르친 적도 있다. 인도네시아, 태국, 스리랑카, 몽골. 8시간 3일간 진행하는 수업이었다. 어떻게 진행할까 고민했다. 관점을 바꾸었다.

"당신의 나라가 궁금합니다. 어디로 갈까요?"

각 나라에 대해 서로 이야기하는 시간을 가졌다. 몽골의 국가 운동이 씨름이라는 것을 알게 되었고, 인도네시아에서 먹는 낙타고기가 맛있다는 것도 알게 되었다.

서로의 언어가 완벽히 통하지 않아도 소통은 가능했다. 수업 시간에 진심 어린 위로의 말들이 어느새 언어 장벽을 넘어 그들의 가슴에 닿았다. 최근 나는 외국인 대상 강의 경험을 전자책으로 집필하고 있다.

한국어 교원2급 자격을 취득한 것은 작은 봉사활동을 하고자하는 순수한 동기에서 시작했다. 평소 말하는 것 가르치는 것을 좋아하고 잘하니, 한국어를 가르쳐주면서 봉사하려고 했다. 선의의 도전이 예상치 못한 기회를 만들어주는 것을 경험하며, 인생은 계획대로만 흘러가지 않음을 다시 한번 깨달았다.

#3

강의 사례
기억에 남는 수강생

  강의는 주로 산업인력공단 연수원, 대학 강의실, 기업체 회의실이나 대강당과 같은 정해진 장소에서 진행되며, 수강생들이 일정 시간 교육받고 퇴근하는 방식이다. 편안한 의자가 있는 환경에서는 때때로 수강생들이 졸기 한다. 적당한 긴장감을 주는 딱딱한 의자와 책상이 강의에 더 유리할 때도 있다.

  신발을 만드는 회사에서 강의하였다. 간호사를 위한 신발, 간호화를 만드는 '00'회사다. 요즘 뜨는 강의인 '공유협력 툴'을 해달라고 했다. 새로운 기업체에 대한 호기심으로 홈페이지를 찾고 사람인을 찾고 최근 기업체 뉴스도 찾아보고 대표의 성향도 찾아본다.

강의 가기 전, 회사를 상상하면 설렌다. 강의를 마치고 00 회사의 신발을 사서 신었다. 간호화라 편하였다. 한 주 뒤 회사에서 수업할 때 간호화를 신어본 경험을 말했다. 생산직에 일하는 분들이나 조리하는 여사님들에게도 필요하겠다는 조언을 했다.

흰색 외의 색깔도 있는지 물어보았는데, 강의를 듣는 대표와 임원의 눈빛이 달라졌다. 스튜어디스를 위한 디자인을 계획 중이라고 답을 듣게 되었다. 확실한 라포형성이 된 것이다.

며칠 지나 00 회사의 대표는 내게 다른 기업체 대표를 추천해 주었다. 강의뿐 아니라 강의 소개도 받았다. 진심은 통한다. 이 강사가 진심으로 수강생 입장에서 성장하기를 돕는지 금방 알아본다.

물고기는 지렁이를 먹는다. 내가 좋아하는 아이스크림을 먹을 리 없다. 즉, 상대가 원하는 것 관심 있는 것을 톡톡 두드리는 것. 기업을 위해 무엇을 도와줄까? 기업의 문제에 공감하는 것 필요하다.
"참 신기하네. 똑같은 수강생들한테 수업했는데 강사님은 어떻게 그 많은 수강생들을 다 기억해요?"
"별걸 다 기억하네."
얼마 전 강사님들과 함께 식사하며 오간 대화였다. 똑같은 1회차 수업을 했는데, 박선희 강사는 수강생들 특징이나 이름을 기억한다는 것이다.

특징을 기억하는 나만의 노하우가 있다. 이름 기억법. 사람은 누구나 자신에게 가장 관심이 많다. 이름은 나를 대표하는 단어다. 태어나서 죽을 때까지 가장 많이 듣는 말. 이름이다. 나는 강의 시간에 참여한 수강생 이름과 직급은 외우려고 애쓴다. 지난번 강의 때와 다른 자리에 앉거나 외모가 바뀐 경우가 있다. 강의 과정에서 변화하는 점을 기억한다. 관심갖고 말해주면 좋아한다. 이름도 제대로 불러준다.

대부분 자신의 이름을 불러주면 놀라워하며 좋아하는 사람 있다. 강사는 디테일 해야 한다. 사람에 대한 관심, 호기심이 바탕에 있어야 한다.

#4

강사 역할

강사라서 좋다

내가 생각하는 직장 생활과 강사 생활의 차이점으로, 크게 4가지로 꼽을 수 있다.

첫째, 예전에 고용노동부 유관기관에서 일했다. 9시 출근, 6시 퇴근하며 눈 떠 있는 시간 하루 중 대부분을 직장에서 보냈다. 부서나 팀에서 주어진 업무를 해낸다. 지시에 따라 목표를 달성해야 한다. 직장은 개인보다 목표를 우선시 하니 협업 능력이 중요하다.

반면, 강사는 말할 자격을 만들어가야 한다. 끊임없는 자기 개발이 요구되는 직업이다. 지식과 경험을 바탕으로 수강생들에게 교육을 제공하니, 수강생의 니즈를 잘 파악하고, 효과적으로 전달하는 것이 중요하다.

둘째, 근무 환경에서 직장인은 일반적으로 사무실이나, 현장 등 정해진 장소에서 정해진 시간 동안 근무하며, 출퇴근을 반복한다. 회사의 규정과 시스템을 따라야 한다.

반면, 강사는 내 시간을 존중하며 일을 할 수 있다. 강사는 나를 팔아가는 과정이다. 그 과정에서 시간을 자유롭게 사용할 수 있다. 물론 시간이 부족할 때 김밥이나 바나나로 끼니를 때우며 다니지만, 스스로 시간을 정한다는 점에서 자유롭다. 온라인강의, 오프라인강의, 컨설팅등 다양한 형태가 가능하다. 프리랜서라는 점에서 강사는 누구나 꿈꾸는 직업이다.

셋째. 보상 체계에 있어서 직장인은 고정적인 월급이나, 성과에 따라 인센티브가 있고, 승진의 기회도 있다. 반면 강사는 강의 시간, 강의 내용, 수강생 수에 따라 수입이 달라진다. 성공한 강사는 3%, 전문 기업 강사는 수가 적다. 끊임없는 자기관리와 자기계발이 필요하다. 강의하면 꾸준히 나를 단련하게 된다.

넷째. 역량에도 차이가 있다. 직장인은 전문적인 지식이나 기술 외에 문제해결 능력이나, 협업 능력, 스트레스 관리 능력등이 필요하다. 반면 강사는 커뮤니케이션 능력과 프레젠테이션 능력, 학습자의 니즈 파악 능력, 건강 관리, 독서와 공부, 시간 관리, 인맥 관리가 필요하다.

정해진 일을 하는 직장인과 달리 강사는 다양한 자기관리가 요구되는 직업이다. 그래서 꾸준히 노력하는 만큼 성장하는 직업이라 나는 강의하는 강사가 좋다.

자신의 강의 콘텐츠를 만들면서 새로운 트렌드에 늘 안테나를 세워야 한다. 기본기도 탄탄하게 다져가면서 새로운 트렌드를 알아야 한다. 강의는 청중의 살아있는 이야기, 살아있는 책. 산책을 함께 하기에 좋은 장(場)이며 도구이다.

강사는 두 가지를 꾸준히 해야 한다. 바로 강의력과 영업력이다. 1인기업가의 특성상 강의 영업을 꾸준히 해나가야 한다. 영업력은 여전히 힘든 부분이다. 강의에서 힘든 것은 타성에 젖지 않으려 끊임없이 노력해야 하는 것이다.

끝이 살아있어야 한다. 말끝, 손끝, 입끝, 발끝, 끝이 죽으면 끝난다. 마치 대장장이의 수천 번의 두드림에 단련된 뜨거운 강철처럼 말이다.

다양한 수강생들을 만난다. 새로운 지식을 수강생들에게 잘 차려주는 것은 중요하다. 반면 잘 아는 지식, 뻔한 지식을 새롭게 요리하여 먹음직스럽게 청중의 기호와 눈높이에 맞게 잘 차려주는 스킬 또한 중요하다. 그런 면에서 강사는 맛집 요리사다. 평생 맛집 요리사로 살고 싶다.

#5

가장 행복했던 시간과 힘들었던 시간
나의 터닝 포인트, 카네기

"강사님 고마워요. 덕분에 저도 변화하게 되었어요. 저도 바꿔봐야 겠어요."

"강사님 신기해요. 소통이 이렇게 중요한지 몰랐어요. 저도 회사 가면 다르게 소통해 봐야겠어요"

제대로 강의 하고 수강생의 변화를 끌어낼 때, 긍정적인 피드백을 받으면 힘이 난다. 꿰어야 보배라는 말이 있다. 그만큼 제대로 잘 전달하는 것이 중요하다.

"여보세요? 선희씨?"

"경민씨, 아무래도 나는 돌인가 봐. 강의장 앞에 서면 머리가 하얘져서 기억이 안 나. 엉엉"

"일단, 진정하고 콜라를 마셔봐."

"콜라?"

15년 전 카네기 리더십 강사 과정을 할 때가 생각난다. 영어학원 강사로 일하면서 몇 달째 주말을 반납하고 하루종일 카네기 강사 과정에 몰입할 때였다. 강사 과정은 1:5로 소장님과 선배 강사님들 다섯 명 앞에서 모의 강의를 해야 했다.

발성부터 시선 처리, 서 있는 자세, 강의 도중 돌발질문에 대한 응대까지 자연스럽게 진행해야 했다. 학원강사와는 차원이 다른 강의기법이었다.

일반적인 강사 과정은 하루 이틀 강의를 듣거나 시험을 치면 수료증을 받는다. 하지만 100년 역사의 전통 있는 카네기 리더십 강사 과정은 다르다. 12주차 일반과정과 12주차 코치과정 3회를 하고 선배 강사님들의 추천과 소장님의 오케이 사인이 있어야 강사과정을 할 기회가 주어진다.

매주 나와서 연습하고 또 연습하고 여러 케이스를 풀어보고 다시 연습한 뒤, 서울로 간다. 서울 본사에서 합숙하며 강사 과정 테스트를 거친다. 카네기 리더십 과정 시작부터 강사 과정 마치는 데 3년이 걸린다. 3년 동안 강사과정을 하면서 몇 번이나 포기하고 싶었다.

산에 가서 나무를 수강생이라 생각하고 큰소리로 연습하였다. 인형을 앞에 두고 연습하기도 하고, 가족을 앞혀놓고 연습하였다. 하지만, 선배 강사님들 앞에서 무참히 깨졌다. 신랄한 강의 피드백을 받았다.

"순수한 관심으로"
"수강생 입장에서"
"남돕기를 즐겨라"
"외우지 마라"

아무리 연습하고 연습해도 잘 안되었다. 강의장에서 뛰쳐 나와 차 안에서 한참 울었다. 정말 나 자신이 무능하고 무기력해 보였다. 단순하게 외워서 하는 강의가 아니었다. 사람과 조직을 변화시키는 일이었다. 나 자신을 깨뜨리고 부셔 유연하게 해야만 가능한 강의였는데, 하면 할수록 절망이었다. 나는 안된다는 생각에 울었다.

답답한 마음에 남편에게 전화해서 푸념을 늘어 놓았다. 말없이 하소연을 듣던 남편이 내게 조언하였다. 콜라를 마셨다. 목을 톡 쏘는 콜라의 시원함이 답답한 내 가슴을 뻥 뚫어 주었다. 콜라를 마시고 크게 숨을 쉬고 나니 훨씬 나아졌다. 다시 마음을 고쳐먹고 강의장으로 들어갔다. 그리고, 몇 달 뒤 자랑스럽게 "카네기 리더십트레이너"공식 라이센스를 취득하였다.

우리는 새로운 도전을 한다. 최선을 다한다고 생각하지만, 장애물인 벽이 크게 느껴진다.

"He did it.
She did it.

I will do it."

내가 좋아하는 말이다. 누군가 해냈다면 나도 할 수 있다. 종종 강의가 안 풀릴 때 평소에 입도 대지 않는 콜라를 마신다. 아직도 시원한 콜라를 마실 때면 힘들게 배웠던 강사과정과 남편의 자상함이 떠오른다.

수강생 한명 한명 동기부여로 변화를 끌어 내기 위해 나 스스로 하나에서 열까지 카네기가 스며들어야 했다. 미소, 인사, 대화, 칭찬, 그리고 인간관계 30가지 원칙. 강의 피드백은 냉정하기에 평소 말투나 생활 습관에서 카네기인으로 살려고 노력한다. 카네기 강사를 하면서 직장생활에서 만날 수 없는 많은 사람을 만났다. 카네기 강사 양성 과정은 내 삶의 터닝포인트였다.

#6

내가 배운 인생의 교훈들
나는 성장을 돕는 프로강사

A.I. 강의가 흔한 시대가 되었다. 누구나 유튜브와 구글을 통해 세계 유명 강사의 명강의를 손쉽게 접할 수 있다. 지식과 정보의 접근이 쉬워진 시대에 강사의 역할은 무엇일까? 많은 이들이 궁금해한다. 나는 이렇게 단언하고 싶다. '강의는 훈습(薰習)이다.' 즉, 향이 연기로 스며들 듯이 강사가 살아온 삶과 태도가 수강생에게 녹아들어야 한다.

강의는 단순히 아는 것을 전달하는 것이 아니다. 아는 것이 힘이 아니라, 그 지식을 행동으로 변화시키는 것이 진정한 힘이다. 아무리 뛰어난 강의라도 수강생이 스스로 자발적으로 변화하지 않으면 의미가 없다. 훈습되지 않은 강의는 단지 큰소리로 떠드는 스피커와 같다. 진정한 강의는 강사의 마음이 고요한 호수처럼 맑고 깨끗해야 수강생들의 마음을 제대로 비출 수 있다.

기업 강사는 흔히 산업 강사라고 불리며, 학교나 복지관, 기관에서 하는 강의보다 강의비가 높은 편이다. 그래서인지 기업 강사라 하면 강사들 사이에서도 부러움을 받는 직업이다. 하지만 겉모습과 달리, 기업 강사의 현실은 결코 만만치 않다. 수강생들은 대부분 회사에서 시켜서 강의를 듣기 때문에 비자발적이고 소극적이다. 이들에게 강의가 진정한 의미를 가지려면, 강사는 이들의 마음과 행동에 진정한 변화를 일으켜야 한다.

종종 나에게 묻는 사람들이 있다.
"강사님처럼 기업 강사가 되고 싶어요. 어떻게 하면 기업 강사가 될 수 있나요?"
"왜 기업 강의를 하고 싶으세요? 사람을 좋아하시나요?"
"멋지잖아요. 돈도 많이 벌 수 있고, 학생이나 노인을 대상으로 하는 강의와는 다를 것 같아요."

사실 이런 말을 자주 듣는다. 겉으로 보기에 기업 강사는 화려하다. 투피스 정장과 노트북, 전문가적인 이미지, 자신감 넘치는 자세와 유창한 언변, 사람들의 부러움을 살만한 화려한 모습들이다. 하지만 현실은 다르다.
화려해 보이는 이 직업은 극한 직업이다. 하루 이틀의 특강 정도는 화려한 겉모습으로 잘 포장해서 임기응변으로 넘길 수 있다. 하지만 매주 지속적으로 진행해야 하는 루틴한 강의는 단순한 포장이나 임기응변으로는 절대 통하지 않는다.

   이 시대는 누구나 인터넷으로 풍부한 정보를 얻을 수 있는 세상이다. 수강생들은 수많은 강의와 지식을 접하며 마치 자신들이 모든 것을 알고 있다고 생각한다. 하지만 실제로는 제대로 알지 못하는 경우가 많다. 그들을 진심으로 설득하고 변화를 이끌기 위해서는 강사의 진정한 '실력'과 '품성', '진정성' 그리고 '태도'가 반드시 필요하다.

기업 강의의 수강생은 대부분 오랜 직장생활을 해온 사람들이다. 특히, 현장에서 10년, 20년 이상 근무한 사람들은 사람을 보는 눈이 예리하고 정확하다. 이 중에는 노동조합 간부들도 있으며, 때로는 여성 강사에게 텃세를 놓기도 한다. 이런 상황에서 거짓된 모습을 보이면 금방 탄로 난다. 수강생들의 언어와 관점을 이해하고 공감할 수 있는 능력이 필수적이다.

   기업 강사는 지속적으로 공부하고 성장해야 한다. 지적인 공부뿐 아니라 다양한 분야를 아우르는 공부가 필요하며, 특히 마음공부와 명상도 중요하다. 수강생과 함께 호흡하며 그들의 삶이라는 '살아있는 책(living book)'을 함께 걸어야 한다. A.I.가 결코 대체할 수 없는 것은 바로 이러한 강사의 품성과 진정성 있는 태도이다.

나는 늘 스스로에게 묻는다.
"나는 어떤 강사인가?"

이 질문은 나를 계속 성장하게 하는 원동력이다. 끊임없이 공부하고, 환갑 이후에도 여전히 팔팔하게 마이크를 잡고 강의할 수 있는 강사를 꿈꾸고 있다. 배우 윤여정이 말했듯이, 삶은 절실함으로 채워져야 한다.

그녀는 이렇게 말했다.
"먹고 살려고, 내 아들들 먹여 살리려고 엑스트라든 조연이든 가리지 않고 일했어요. 그런 경험들이 쌓여 지금의 자리에 왔어요."
그녀의 말처럼 강사도 절실함이 필요하다. 물속에서 숨쉬기를 간절히 원하는 사람처럼 절실해야만 진정한 쟁이가 될 수 있다. 그리고 반드시 겸손해야 한다. 겸손한 자에게 기회가 오기 때문이다. 인생은 인드라망이다. 수 많은 사람들이 서로를 비추는 유리 보석처럼 연결되어 있다. 혼자서는 빛날 수 없다. 그래서 나는 오늘도 훈습으로 단련된 갑옷을 입고 씨익 미소를 지으며 당당하게 강의장으로 향한다

나에게 강사란?

강사는 경험의 지도를 펼쳐주는 여행길 친구다

2장

김미현
나는 원장 강사

▌ 작가 소개

- ☑ 항공누리어린이집 원장
- ☑ 위더스평생교육원 운영교수
- ☑ 가족지원센터전문강사
- ☑ 교육학박사
- ☑ 경상국립대학교 보육 과정 강사
- ☑ 부모교육 교사교육 전문 강사

▌ 연락처

- ☑ 이메일 : 1771hyun@naver.com

#1

강의 계기
엄마의 한마디

"김 원장 이번 연도에 겸임교수 자리가 있는데 해보는 게 어때요?"

수화기 너머 석사 지도교수님의 목소리에 심장이 쿵쾅거렸고, 잠시 할 말을 잃었다.

"교수님 이제 겨우 석사논문 썼는데요"라고 말하며 겸손의 모습을 보였지만, 다른 동기에게 요청 하게되어 기회를 잃을까 봐 일단 긍정적으로 응했다.

'겸임교수라해도 큰돈을 버는건 아니고 그래도 원장 하면서 스펙은 되겠지.'

기쁨보다 먼저 찾아온 건 놀람, 설렘, 그리고 '내가 정말 해도 되는 걸까?'라는 두려움이었다. 하지만 그 모든 감정을 덮어버린 건 '인정 받았다'는 벅찬 감정이었다. 그 동안 현장에서 버텨온 시간들, 누구보다 성실하게 진심을 다했던 지난날을 인정받는 느낌이었다.

해보고 싶었다. 어쩌면 오랜 시간 꿈꾸었던 일이기도 했다. 유치원 원장으로서 학부모를 대상으로 하는 부모 교육는 하고 있었지만, 교수님으로 학생들을 지도한다는 것은 또 다른 설렘이었다.

" 엄마 나 내일부터 교수님 된다. 엄마가 같이 있으면 진짜 좋아할건데... 딸래미 장하제."

겸임교수를 시작하기 전 주말 나는 어머니의 산소를 찾았다. 딸이 원장이 된 다음 해 돌아가신 어머니는 이런 모습을 보고 ' 내 그럴 줄 알았다. 작은 고추가 맵다 했제? 하면 된다. 모든 건 마음먹기 달렸다 엄마 말이 맞제?'라고, 따뜻하게 웃어주시고 안아주셨겠지.

어릴 적, 엄마는 내게 자주 말하곤 했다.
"우리 딸은 말을 어쩜 그렇게 잘해? 나중에 변호사해도 되겠네"
"어떻게 그렇게 재미있게 말을 할 수 있지?"
"말할 때 치고 빠지는 기술이 정말 탁월해"
엄마의 이런 말 한마디는 어린 내게 큰 힘이 되었다. 엄마의 격려는 내 마음의 씨앗이 되어 자존감을 키워주었고 사람들 앞에서 말하는 것을 두려워하지 않는 아이로 자라게 했다.

국민학교 시절 김미현이란 이름보다는 건태 동생이라는 별명으로 보낼 만큼 나의 존재는 미약했다.

4학년 학급을 대표해서 반공웅변대회에 나갈 수 있었던 것도 엄마의 격려 덕분이었다. 다른 재능은 없었지만, 동화구연대회, 웅변대회를 나간 걸 보면 나름대로 그 분야에서는 인정을 받았던 것 같다.

국민학교 6학년 국어 시간 책을 읽을 때 갑자기 머릿속이 하얘지면서 떨고 있던 나를 강단 앞에 세울 수 있었던 건 엄마의 말 한마디이다. 의상실을 하면서 재봉틀질 하면서도 하루종일 조잘대는 내 이야기를 들어주신 덕분이다.

학교에서는 수줍었지만, 집에서 만큼은 최고의 똑순이로 만들어주셨고 늘 '잘한다, 잘한다, 우리 딸은 말을 잘해.'를 이야기해주셨다. 어릴 때 내 존재감이 없을 때도 엄마는 늘 '작은 고추가 맵다라고 말씀하시면서 뭘해도' 아이고 잘하네! 내새끼'이라고 하셨다.

나랑은 다르게 키도 제일 크고 공부도 잘하던 오빠가 엄마의 마음에 허기를 채워주니 내가 어떻게 해도 그냥 그렇게 영혼 없이 말씀하신 건 아닐지 생각해본다. 뭔들 어떠하리. 나는 엄마의 긍정적인 말의 힘으로 지금 마이크 들고 밥을 먹는다. 엄마의 말 힘으로 나는 새로운 강의에 첫발을 내디딜 수 있었다.

대학에 첫 강의를 가기 전날 조용히 다이어리에 '김미현 겸임교수 시작'이라 쓰며 '고맙습니다. 더 열심히 잘 살겠습니다'를 적었다. 누군가에게 보이기 위해서가 아니라 스스로에게 다짐하고 싶었다. 수많은 제자 중 나를 선택해 준 교수님께 감사했다.

내가 걸어온 길이 누군가에게 빛처럼 보였고, 나는 내 이름을 새길 수 있는 사람이 되리라는 자신감도 생겼다. 겸임교수라는 타이틀은 '자랑'이 아닌 '또 다른 다짐'이 되었다.

겸임교수로 주 9시간의 강의 하는데 통영에서 진주로 자주 갈 수 없어 하루에 세과목을 세시간씩 강의 했다. 쉬는 시간마다 연구실에 들어가 다리를 주무르고 점심은 컵라면과 3분 요리로 해결했다. 강의 준비를 위해 아이들과 9시에 잠들어서 새벽 3시에 일어났다. 모두가 잠든시간 강의준비를 했다.

과목별 전공 도서를 출판사별로 구매하고 가능한 많은 기관의 사례를 수집했다. 더 나은 강의를 위해 다른 교수의 스타일을 배우고 싶어 일부러 사이버교육원에 가입해서 수강생처럼 청강하기도 했다. '말을 잘하는 법'보다 진짜 도움이 되는 강의란 무엇인가 고민하며 나를 계속 깍고 또 다듬었다.

2007년 유치원 원장이 되고 첫 오리엔테이션을 했다. 나는 초보 원장이었다. 경험은 짧았고 많은 청중 앞에 강의를 해본 경험이 없었다. 교사 때와 달리 학부모들의 모든 시선을 받으며 강의 하는 떨림을 말로 표현할 수가 없었다. 서른세살에 유치원장이 되었으니 다른 기관의 원장보다 어렸고, 그 당시 학부모들보다 나이가 어리기도 했다.

나는 더 나이 들어 보이는 복장과 머리 그리고 근엄한 모습으로 가볍지 않게 무게 잡는 강의를 준비했다. 자료를 준비하고 시간 내 강의하기 위해 시나리오를 적고 읽고 외웠다. 거울을 보며 제스쳐와 표정을 보고 연습하며 녹음했다. '원장이 어려보인다'는 말이 칭찬이 아니라 불안으로 다가왔던 시기였기에 나는 기세 싸움에서 밀리지 않기 위해 최선을 다하는 왕초보 강사였다.

원장으로서 어쩔 수 없이 시작한 강의였지만 귀 기울이는 청중의 눈빛과 고개끄덕임, 순간의 웃음과 공감이 나를 매료시켰다. 청중의 따뜻한 호응은 내 안의 '강사'라는 새로운 자아를 보게했고 두려움은 자신감으로 바뀌었다. 우연처럼 시작되었지만 운명처럼 다가왔다. 그 시작을 나는 하나의 선물이라 기억하고 싶다.

최고의 강의를 위해 내용을 다듬고 사례를 찾고 내 이야기에 살을 붙여 한 장의 슬라이드도 허투루 넘기지 않으려고 애썼다. 강의는 단순히 말을 잘하는 것이 아니라 상대의 마음에 공감하는 것이라는 것을 알게 되었다. 강의를 거듭할수록 전달력은 좋아졌지만 때로는 그 말에 힘을 실어주는 것이 내용만이 아니라 '이력이 주는 무게감'이라는 것도 느끼게 되었다. 나는 서둘러 대학원에 진학 했고 업무와 학업을 병행했다.

대한민국에는 나보다 훌륭하고 똑똑한 강사는 많다. 학벌에 대한 목마름은 박사과정에 진학을 부추겼고 나는 2019년 2월 교육학 박사학위를 취득했다. 그것은 단순한 학위가 아니라 '김미현 강사의 정체성'을 단단히 세우는 이정표였다.

#2

강의 분야

뭐든 뭔들

　나는 유치원 교사로 현장의 첫 발을 내딛고 유치원 원장을 거쳐 현재 어린이집 원장으로 아이들과 함께 생활하고 있다.
유아교육 최전선에서 아이들과 직접 호흡했던 시간들은 교육의 본질이 무엇인지 몸으로 깨닫게 해주었고, 그 경험은 교사의 마음을 더 깊이 이해하고 공감할 수 있는 중요한 밑거름이 되었다.
　나도 교사였기에 그 마음을 잘안다. 잔소리 대신 함께 고민하고, 교사의 마음으로 접근했을 때 진정한 변화가 시작되었다.

서른셋, 나는 유치원 원장이 되었다. 부모의 배경이나 기반없이 오롯이 나의 이름으로 원장의 자리에 오르는 일은 그 시절 드물고도 낯선 일이었다. 결혼 후 통영에 신혼집을 차렸는데 남편은 유아체육 연구소를 운영하여 자연스레 현장과 연결이 되어 있었다. 성실하고 책임감 있는 소장이 선택한 여자라는 이유로 나는 한 유치원 면접을 보게 되었다. 사정상 유치원을 운영할 수 없는 이사장의 제안은 나에게 예상하지 못한 기회이자 커다란 전환점이 되었다. 누군가는 운이라고 했지만 나는 그것이 우리가 함께 만들어 낸 '기회의 문'이었다고 믿었다.

유치원에 원장 자격을 받은 경우가 없고 공석일 경우, 자격 취득 우선 순위가 되어 교사 경력 7년 4개월 만에 40일간의 연수를 받고 원장 자격을 취득한 운 좋은 사람이 되었다. 그렇게 나는 교육과 행정을 두루 경험한, 현장을 누구보다 잘 아는 실무형 원장이 되었다.

나는 교사교육과 부모 교육을 한다. 보육교사의 승급과정, 평생교육원의 보육교사 자격취득과정, 타 기관의 교사교육, 그리고 아이돌보미 교사의 교육, 대학의 특강, 그리고 장르를 가리지 않고 부모 교육을 한다.
 대학에서 겸임교수와 시간강사를 할 때는 교수님들이 과목 선정을 마친 후 남는 강의를 했다. 나에게 과목에 대한 선택권은 없었지만 주어진 강의를 놓치지 않기 위해 노력했다. 어떤 강의든 가리지 않고, 틈틈이 공부하고 준비하여 성실히 강의를 이어갔다. 나에게 주어진 순간들을 진심으로 다해야 결국 나만의 길이 열릴 수 있었다고 믿었다. 나는 뭔들 뭐든 전공 관련 강의는 하는 강사다.

나의 강의 노하우의 첫 번째는 원만한 인간관계이다.

강사로서 실력은 기본이다. 하지만 강의 기회는 단지 실력만으로 주어지지 않는다. 결국 누군가는 나를 떠올려야 하고, 또 누군가는 나를 믿고 자리를 마련해주어야 한다. 전국에는 강의를 희망하는 원장들이 많지만 모두가 마이크 앞에 설 수 있는 건 아니다. 업계에서 신뢰받고, 사람들 관계속에서 인정 받을 때에야 비로소 그 기회가 찾아온다.

공자는 '훌륭한 사람과 함께 있으면 그 사람처럼 되고 싶어진다'고 말했다. 강의 역시 사람과의 연결 안에서 확장된다. 나의 진심과 태도가 누군가의 마음에 남을 때, 그 인연은 또 다른 강의로 이어진다. 나에게 있어 강사란, 전달하는 사람이기 이전에 관계를 맺고 신뢰를 주는 사람이어야 한다.

석사논문을 마치고 지도교수로부터 겸임교수 제안을 받았을 때 많은 제자들 중 선택한 이유를 물은 적이 있다. 교수님은 '책임감이 강해서 휴강할 것 같지 않고, 긍정적이니 불평할 것 같지 않고, 옷을 잘 입어서' 라고 농담처럼 웃으며 말씀하셨다. 그 말속에 추천한 교수님의 체면에 손상을 입히지 않을 것이라는 기대가 있다는 것을 눈치챘다. 제자들과 식사 자리에서 " 김미현 원장은 강의를 오면서 신발, 가방까지 색깔을 맞추고 정장 차림으로 오더라"라고 말한 건 나를 칭찬하기 위함이 아니라 강의를 하면서 청바지에 워크화를 신고 온 제자 때문이라는 것을 눈치챌 수 있었다.

　유치원장을 하던 때, 예상치 못한 기회가 찾아왔다. 보육교사양성과정 강의 의뢰였다. 당시 어린이집 원장이 아닌 유치원 원장이었기에 다소 이례적인 일이었다. 겸임교수의 이력 때문인지 보육교사 교육원에 재직중인 동기의 추천이 영향을 미쳤을지도 모른다.

　'네가 누구인지 알고 싶다면 네 친구를 보라'는 영국 속담처럼 사람 사이의 인연은 새로운 길을 열어준다. 사이버평생교육원이 운영교수로 이어진 인연도 마찬가지였다. 선배원장님의 소개로 서류전형을 무사히 통과하고 나는 또 하나의 무대를 만나게 되었다.　　정책변화로 대면교육이 도입되고, 주말을 이용해 현장 강의를 하게 되었다. 내 강사의 여정은 그렇게 또 하나의 문을 열었다.

　여성가족부 아이돌보미 강사로 위촉되었을 때도, 선택 받은 이유는 따로 있었다. 함께 활동하던 강사가 '모임에서 분위기를 잘 맞추고 이야기를 재미있게 풀어내는 모습이 인상 깊었다' 고 했기 때문이다. 실력만으로는 설명되지 않는 순간들이 있다. 그 순간들을 연결해 주는 건 결국 사람과의 관계였다. 두 곳의 대학교에서의 강의, 사이버평생교육원 운영교수 활동, 보육교사의 승급교육, 아이돌보미 강의, 육아종합지원센터 강의까지 돌이켜보면 이 모든 기회들은 내 진심이 닿았던 누군가와의 관계속에서 시작되었다.

인간관계를 위해 강의를 한 것이 아니라, 강의의 기회가 늘 사람을 통해 왔다는 사실은 나에게 강사의 길이 단지 말 잘하는 사람이 되는 것이 아님을 깨닫게 해주었다.

강사로서 내가 지켜온 두 번째 노하우는 '시간의 가치'를 아는 것이다. 어릴 적부터 시간약속의 중요성을 강조하시던 아버지의 영향인지 나는 강의시간에 단 한 번도 늦은 적이 없다. 당연한 일처럼 보일 수 있지만 때로는 학생들에게 융통성 없는 사람처럼 비쳤을지도 모른다.
원장이자 강사로 살아가는 나에게 시간은 곧 생존이자 책임이다. 분 단위로 쪼개어 계획을 세우고, 그 안에서 원장의 역할과 강사의 역할을 하나하나 채워 넣는다.

시간의 소중함을 누구보다 잘 알기에 타인의 시간 역시 소중하게 대한다. 누군가는 단지 의무감에, 혹은 누군가의 추천으로 내 강의에 참석했을지도 모른다. 하지만 나는 그들이 앉아 있는 그 순간만큼은 반드시 의미있게 돌려주고 싶었다. 함께한 시간이 유익했다고 느낄 수 있도록 시간의 가치를 전하고 싶었다. 그래서 나는 지금도 강의의 문을 시간에 맞춰 열고, 정성으로 닫는다.
강의의 세 번째 노하우는 '열정과 준비가 만들어낸 신뢰'다. 부모교육은 세상에서 가장 소중한 존재인 자녀를 맡기는 부모들에게 강의하는 일이기에 그들의 신뢰를 얻는 것이 무엇보다 중요하다.
그래서 전문성을 놓치지 않으려고 끊임없이 공부했다.
'이론과 실제'가 다르다는 학생의 말은 그 이론을 잘 이해하지 못해

서라고 생각하기에 나는 자료를 찾고 논문을 찾아 읽으며 고등학교 때보다 더 열심히 노력했다. 그리고 아이들을 진심으로 사랑한다. 그 사랑은 강의 속에서 아이들의 모습을 이야기로 풀어낼 수 있게 해주고, 부모의 마음을 움직이는 힘이 되었다. 자녀에 대한 신뢰와 사랑이 전제되어 있을 때, 조금 부족한 정보가 있더라도 부모는 마음으로 먼저 받아들인다.

강의의 신뢰를 더욱 단단하게 만들기 위해서 학습자에 대한 정보를 미리 파악하고 그에 맞는 강의안을 다시 구성한다. 한 번 스쳐지나가는 강의일수록 준비는 더 정교해야 한다. 대학 강의처럼 15주 동안 관계를 쌓을 수 있는 경우와 다르기 때문이다. 대상의 수준에 맞는 언어와 내용, 스피치 방식까지 고민하며 동일한 주제의 강의라도 상황에 따라 강조점을 다르게 잡는다. 나는 지금도 같은강의 자료를 한 번 더 점검하고 그날의 대상에 맞게 조정하는 일을 게을리하지 않는다. 그것이 강사의 진심이고 결국 신뢰를 만들어 가는 과정이라 믿는다.

강의의 네 번째 노하우는 '현장의 생생함을 담은 콘텐츠를 다양하게 보유하고 있는 것'이다. 나는 스스로를 '현장 경험을 자산으로 가진 강사'라고 생각한다. 이론만을 전달하는 강의가 아니라 지금 이 순간에도 생방송처럼 흘러가고 있는 어린이집의 현실을 이야기 할 수 있기 때문이다.

아이들의 사소한 행동 하나, 교사들의 표정의 변화, 학부모의 반응,

기관의 분위기까지 내 강의 안에 살아 숨 쉰다. 나는 현장에 밀착된 사람이고 그 현장의 언어를 이해하는 사람이다. 그래서 내가 하는 말은 '현장에서 일어날 수 있는 일이 아니라 지금 이 순간 실제로 일어나고 있는 이야기'다. 이러한 경험 기반의 콘텐츠는 학습자에게 깊은 공감과 몰입을 가능하게 한다. 이론과 실제의 간극에서 길을 잃는 교사들에게 나는 '현장의 목소리'를 들려주는 사람이고 싶다. 사례하나 표정하나에도 진심이 담겨 있기에 내 강의는 그 자체로 살아있는 현장이다.

이제는 콘텐츠를 얼마나 많이 아는가보다 얼마나 현실적인 이야기를 들려줄 수 있는가가 중요한 시대다. 나는 오늘도 내가 지나온 수많은 현장의 순간을 되짚으며 그 안에서 길어 올린 이야기로 또 한 번의 강의를 채운다.

 강의의 다섯 번째 노하우는 바로 '긍정의 에너지를 전염시키는 힘'이다. '내가 바꿀 수 있는 것은 상황이 아니라 나 자신'이라는 것을 일찍이 알았다.
'하면 된다. 말대로 되더라'
'생각하기 나름이다. 좋다 좋다 하면 좋아진다' 이러한 말을 듣고 자란 나는 자연스럽게 긍정적인 태도를 몸에 익히게 되었다. 문제가 발생하면 감정에 휩쓸리기보다는 어떻게 해결할 수 있는지를 고민한다. '죽을 것 같다'라고 말하는 사람들은 많이 보았지만, 정말 그렇게 된 사람은 없었다. 예민한 학부모의 날카로운 말에 마음이 상하기도 했고 내 마음을 몰라주는 직원으로 부터 서운한 적도 있었다.

하지만 시간이 지나면 다 지나간다.

그래서 나는 오늘도 마음속으로 이렇게 주문을 외운다 ' 좋다 좋다 다 지나간다 ' 나는 강의에서도 긍정의 에너지를 전하기 위해노력한다. 긍정의 에너지가 말과 표정을 통해 흘러가 누군가의 닫힌 마음을 열고 새로운 희망의 문을 두드릴 수 있기를 바란다.

#3

강의 사례
엄마 사이비 교주는 아니죠?

 2021년 근로복지공단 THE자람 보육프로그램 공모전에서 대상을 받았다. 전국의 직장어린이집 1,300군데 중 대상이었다. 보육프로그램 대상은 우리원의 교육방향, 특히 '놀이중심' 교육이 공식적으로 인정 받은 것이었고, 늘 잘 노는 아이들을 염려하는 부모님의 걱정도 한꺼번에 가라앉힐 수 있는 계기가 되었다.

 직장어린이집 원장님들 모두가 꿈꾸는 목표이기에 더없이 값진 순간이었고 부러움과 존경을 함께 받는 뜻깊은 순간이었다. 근로복지공단으로부터 강의 의뢰가 왔다. 전국의 직장어린이집 원장과 교사를 대상으로 한 강의였다.

 가슴이 벅차면서도 또 다른 걱정이 있었다. '과연 내가 하는 사투리 섞인 이야기를 전국의 강의 대상자들이 편안하게 받아들여줄까?' 게다가 코로나로 인해 비대면으로 진행되는 온라인 강의였기에 대면강의 보다 훨씬 많은 인원이 접속해 있었다.
이왕하는 거 정말 잘하고 싶었다. 진심을 담아 강의했고 그 진심은 화면 너머에도 전해졌다. 강의 후 다른 어린이집에서 프로그램 문의와 공유를 위해 전화가 왔다. 강의 시간에 다하지 못한 이야기를 나누면서 다시금 우리 프로그램이 최고라는 자부심이 생겼다. "원장님 강의에서 아이들 모습이 그려졌어요. 진짜 놀이를 하는 아이들 말이에요" 그 순간 나는 알았다. 강의는 결국 내가 살아낸 삶을 누군가에게 건네는 일이라는 것을.

 보육교직원 자격취득과정 대면교육에서 임산부를 만났다. 8시간이라는 긴 시간 동안 진행되기에 첫 시간 마다 나는 꼭 묻는다.
 "혹시 임산부 계신가요?" 입덧, 요통, 부종... 임산부의 불편은 눈에 잘 드러나지 않지만 결코 가볍지 않기에 미리 파악하고 배려하고 싶었다.
 그날은 아무도 손들지 않았다. 강의가 시작되자마자 맨 앞자리에 눈에 띄는 한 사람이 있었다. 크게 부른배, 또렷한 눈빛, 또박또박 노트에 필기하는 모습. 누가봐도 만삭이었다.

임산부는 우대해 줄 테니 편하게 일어서거나 화장실을 자주 다녀오셔도 된다고 했는데도 너무 열정적이다. 그 학습자는 초등학교 교사인데 현재 시어머니가 어린이집을 운영하고 있어서 추후 혹시 필요하게 될까 봐 미리 준비한다고 했다.

힘들지 않느냐고 물어보니 '어차피 할 거면 지금이 좋죠. 태교에도 좋고'라고 쿨하게 답하는 그녀의 말에 나는 묵직한 울림을 느꼈다. 보통은 임산부라는 이유로 혹은 어떤 약자의 입장에서 다양한 보호를 요청하는 경우가 많다. 물론 그럴 수 있고 당연히 그래야한다. 하지만 이 학습자는 누구보다 적극적이었고 묵묵히 자신의 자리를 지키며 하루 8시간 내내 한순간도 흐트러지지 않는 태도로 임했다. 그 모습에서 나는 강사로서 '가르친다'는 자세보다, '배운다'는 마음을 더 깊이 새길 수 있었다. 그날 나는 말로 전하는 지식보다 태도로 보여주는 진심이 더 오래 남는다는 것을 다시 한번 배웠다.

보육교직원 승급 교육과정은 경남지역 100여명의 교사들이 한 공간에 모이는 대규모 연수다. 특히 이 과정은 이름표가 붙은 지정석으로 운영되기 때문에 강의 중에 자리를 이탈하기도 어렵고, 지각조차 허락되지 않는다. 게다가 4주간 짧고 강도 높은 일정으로 구성되어있어 퇴근 후 하루를 마친 교사들에게는 몸과 마음이 버거운 시간일 수 밖에 없다.

강의실에 들어서면 교사의 얼굴에 적혀있는 듯한 말이 보인다. '나 피곤해요' 그 피로속에서도 100명의 얼굴, 100개의 표정은 모두 다르다. 그 속에 유독 빛나는 사람이 있었다. 누가봐도 지쳐있을 상황인데도 그 교사는 강의 내내 반응을 놓치지 않았다. 눈빛, 고개끄덕임, 미소, 메모 등 모든 행동이 진심이었다.

나는 강사였지만 오히려 그 교사의 태도에 격려 받는 느낌이었다. 시간이 지나 그 교사가 어린이집 교사채용에 지원했다. 보통이라면 서류전형, 면접, 적성검사, 이론시험 등 여러 과정을 거쳐야 하지만 그 교사는 이미 3시간짜리 '생활 속 면접'을 통과한 셈이었다.

나는 교사의 지원서를 읽으며 확신했다. '저 모습은 강의용 이미지가 아니라 평소의 태도이자 살아온 삶이겠구나' 지금 그 교사는 어린이집에서 누구보다 긍정적이고 열정적으로 아이들과 함께하고 있다. 언제나 웃는 얼굴로 동료를 배려하고 아이들과 눈높이를 맞추며 따뜻한 에너지를 전한다. 나는 가끔 그날 강의실에서 마주쳤던 교사의 눈빛을 떠올린다. 사람을 알아보는 데는 말보다 표정이, 이력서보다는 삶의 태도가 더 정확하다는 것을 그 때 다시 한번 배웠다.

강의를 하다보면 어느 순간에 나의 이야기를 꺼내게된다. 이론이나 개념을 말하는 것보다, 살아온 이야기 한 토막이 더 깊이 닿은 경우가 있다. 어머니는 당시 의상실을 운영하셨고 한일합섬의 단체복을 제작하느라 거의 밤을 새우셨다. 먹이고, 씻기고, 재우는 일조차 버거우셨던 어머니는 나와 오빠를 잠시 할머니 댁에 맡기셨다.
할머니 집의 대청마루에 누워 하염없이 엄마를 기다리다 우는 일이 많았다. '저 멀리 하늘에 구름이 간다. 외양간 송아지 음매 음매 울적에 어머니 얼굴을 그리며 간다. 고향을 그리면서 구름은 간다'

그때마다 오빠와 사촌 언니는 노래를 불러주며 '구름이 엄마한테 다가면, 엄마가 올 거야'라고 했다. 듣기만 하던 노래를 내가 따라 부를 수 있을 무렵 엄마가 기적처럼 나를 데리러 왔다.

멀리서 걸어오는 엄마를 보는 순간, 너무 반가워서 마냥 뛰어가고 싶었는데 나는 어느새 할머니 치마폭 뒤에 숨어 버렸다. 보고싶고 반가웠지만 너무 오랜 기다림 속에 마음이 익숙해져 있었던 걸까. 아직도 나는 이 노래를 부르거나 들으면 눈시울이 붉어진다. 가슴 깊은 곳에서 울컥 올라오는 그리움이 여전히 내 안에 살아 있었기 때문이다.

강의 중 주 양육자의 중요성, 영유아기의 애착의 힘을 설명하던 도중이었다. 어디선가 훌쩍거리는 소리가 들렸다. 60대 아이돌보미 선생님이셨는데 어린 시절 엄마를 그리워하던 자기 모습이 떠올라 눈물을 멈출 수가 없다고 했다. 그 순간 나는 또 하나의 사실을 배웠다. 엄마를 향한 그리움은 나이가 들었다고 사라지는 감정이 아니라는 것을... 손주가 있는 할머니가 되어도 내 안의 아이는 여전히 엄마를 기다리고 있다는 것을...

그날의 강의는 누구도 예측하지 못한 울림으로 흘러갔다. 학습자들은 서로의 엄마 이야기를 나누었고 강의실은 울음바다가 되었다. 애착의 중요성은 이론으로 전단되기보다 기억과 감정으로 전해질 때 비로소 진짜로 다가간다는 것을 그날 강의는 보여주었다. 가르침보다 마음이 먼저였던 시간 그 하루를 나는 오래도록 기억한다.

놀이 지도를 강의하면서 모두 율동과 함께 박수치며 노래를 불렀다. 잠도깨고 스트레스도 해소되는 일석이조의 효과에 강의실은 활기찬 운동장이 되어갔다. 누군가 찍은 사진을 가족 채팅방에 올렸다. 사진 속 학생들이 모두 두 팔을 하늘 높이 올리고 노래를 부르는 사진을 보고 아들이 "엄마 강의하는 거 맞죠? 어디 가서 사이비 교주 하는거 아니죠? 어 뉴스에 나오면 안 됩니다"라고 이야기해서 한바탕 웃었다.

그렇다 내 강의는 언제나 생방송이다. 유아교육이란 본래 현장 자체가 매일 달라지는 라이브 무대이고 나는 그 무대에 늘 준비된 배우로 선다. 때로는 새로운 사례가 쏟아져 들어오고 감당하기 어려운 난제가 튀어나온다. 그럴때마다 나는 속으로 이렇게 외친다.
'그래 뭐든 오너라. 나는 그것을 강의 소재로 승화시키리라' 처음 겪는 일이 바로 내일 강의의 한 문장이 되고, 그 위기를 넘긴 순간이 훗날 수강생의 위로가 되기 때문이다. 아이들과 교사들과 함께 살아낸 이야기는 교과서 보다 강력한 메시지를 전달한다. 강의는 결국, 인생을 공유하는 일이다.

#4

강사 역할
어제 보다 나은 삶

"원장님. 몸이 열 개라도 모자랄 것 같아요. 야간에 주말에 쉬지도 못하고 괜찮으세요?"라고 이야기하는 원장들이 있다. 남들이 쉬는 날 강의를 하고 평일에는 연차를 사용해서 강의를 한다.
나에게 강의는 업무가 아니다. 나를 다시 걷게 하는 또 다른 힘이다.
나에게 강의는 좋은길로 이끄는 틈새여행이다.

첫째, 전문성이 강화된다. 이론을 다시 펼쳐보고, 정책의 흐름을 되짚으며 교육의 트렌드를 놓치지 않으려 애쓴다. 교육의 본질은 변하지 않지만 본질을 담는 그릇은 시대의 흐름에 따라 달라진다. 늘 새롭게 움직이는 교육현장을 읽고 변화의 흐름을 알아가는 일 이 원장이자 강사의 역량이다. 이러한 노력은 내게 강사로서도 한층 더 깊이 있고 풍성한 전문성을 가져다 준다.
둘째, 학부모 관점에서 아이가 다니는 기관에 대한 신뢰감이 높아진다. 기관이 지향하는 교육철학과 교육과정을 바탕으로 그 가치를 외부에서 공유하고 확산시키는 모습은 '교육자'로서 깊은 신뢰감을 형성한다. 아이들의 배움터가 단지 보육을 위한 장소를 뛰어넘어 살아있는 교육현장임을 말없이 증명하는 일이기도 하다.

셋째, 교사들에게 긍정적인 자극이 된다.
원장이 어린이집 운영에만 머무르지 않고 외부에서도 전문성을 발휘하며 강의하는 모습을 볼 때 교사들은 자연스럽게 자부심과 긍지를 느낀다. '내가 속한 기관이 다르다'라는 생각과 함께 자신도 성장할 수 있다는 가능성을 발견하게 된다. 원장의 활동은 단순한 강의 이상으로, 교사들에게 스스로 높이고 싶은 내면의 동기를 심어주는 거울이 된다.

넷째 유아교육 현장의 목소리를 외부에 전달할 수 있다.
"현장의 실제 사례를 예로 들어 주니 귀에 쏙쏙 들어와요."
현장의 사례를 외부 강의에 공유하면서, 유아교육의 현실을 알리고 공감대를 확산시킬 수 있다. 교사와 학부모와의 관계, 교사의 업무와 소진에 대한 공감대형성,영유아들이 행동 등 유아교육의 현실을 세상에 꺼내 놓는다. 학부모와 전화상담 시 '김미현의 구 대일의 법칙'을 적용한다. 좋은 일로 아홉 번 전화하고, 한번은 부탁과 청유, 안전사고에 관련된 전화하는 것이다. 좋은 말도 한 두 번이면 지치는데 기관에서 전화 올 때마다 부정적인 내용으로 연락을 받는다면 그것조차 학부모에게 스트레스가 되기 때문이다. 이처럼 학부모, 교사, 원아와 상호작용하고 원만한 관계를 유지하기 위해 해야 할 일은 실무경험으로 이미 탄탄하다.

그들의 문제를 잘 해결하면 나에게는 좋은 강의자료가 되기 때문이다. 학부모들은 소통이 잘 되는 원장이라 좋고, 강사로서는 좋은 사례가 생겨서 좋다. 그런 마인드로 살다 보니 웬만한 일에 동요되지 않는다.

다섯째, 인적 네트워크가 확장된다. 외부강의를 통해 여러 교육기관의 관계자들과 연결이 되며, 그 안에서 새로운 정보와 자원을 얻게 된다. 이러한 네트워크는 단순한 인맥을 넘어, 기관운영과 교육내용에 실제로 도움이 되는 실질적인 연결고리가 된다. 환경교육을 하면서 생태 지도자나 자연보호협회 관계자와 만남이 이루어졌고 이를 통해 강의요청이 이어졌다. 결국 '말을 전달하는 활동'을 넘어 새로운 기회를 만들어내는 창구'가 된다.

여섯째, 나 자신에게 무한한 성장의 기회를 준다. 교육자로서의 사명감, 사람 앞에 선다는 단련함이 내 안에서 다시 살아났고 이는 나 자신을 성장시키는 원동력이 되었다. 강의를 통해 교육자로서 정체성과 사명감을 재확인 하였고, 이 과정은 내 자신의 발전이 아닌 기관 전체를 이끄는 선순환의 시작이 되었다. 결국 강의는 단순한 운영자가 아닌 영향력있는 교육 리더자로 거듭나게 하는 일이 되었다.

#5

전하고 싶은 이야기

강의는 틈새 여행

나는 강사지만 무엇보다 먼저 어린이집 원장이다. 아무리 좋은강의 제안이 와서 기관 운영과 겹치는 일정을 갈 수 없다. 내게 가장 우선되는 역할은 아이들과 교사의 안정, 학부모의 신뢰이다. 원장의 의도와 계획대로 움직이면 좋지만 예측할 수 없는 생방송의 연속이다. 순간순간 바뀌는 아이들의 기분, 교사의 컨디션, 부모의 상황에 따라 빠르게 판단하고 조정해야 한다. 특히 가장 긴장되는 순간은 아이들의 안전사고다. 어린이집에서의 모든 안전사고는 원장의 책임

아래있으니 불안한 마음도 있다.

  강의시간이 다가오는데 한 부모가 느닷없이 어린이집 문을 열고 왔다. "원장님 잠깐이면 돼요. 너무 답답해서요"라고 자리에 앉은다. 진심어린 눈빛을 보내며 상담을 하지만 심장은 조급함에 뛰기시작했다. 학부모의 말을 끊기가 어려워 속도 위반을 하며 강의실까지 달렸다. 아슬한 순간, 지나쳐도 될듯한 주황색 신호등 앞에 멈춰 선 앞차를 향해 속으로 욕했다. 초조하게 시계만 들여다보며 그 짧은 순간도 마음은 바스라졌다.

  밤 10시까지 이어지는 강의다. 뭐라도 먹지 않으면 손이 떨리고 식은땀이 난다. 차 안에 굴러다니던 오래된 에이스 비스킷을 베어 물고 커피를 마셨다. 그런데 입술이 닿아야 할 커피는 턱선을 타고 흘러 흰색 블라우스에 자국을 남겼다. 미치겠다. 오늘은 도무지 되는 일이 없다.

약속도 없이 무작정 찾아와 '힘들다'고 토로하는 부모에게 '그럼 나는 어쩌라고요' 라는 원망이 불쑥 올라왔다. 그 감정을 조절할 시간도 없이, 나는 손바닥에 땀이 흥건할 정도로 운전하며 어떻게 강의장까지 왔는지 기억도 나지 않았다. 다행히 강의 5분전, 체면은 지켰다. 안전권에 도달하자, 문득 내 안의 이중적인 모습이 보였다.

"어머니 언제든지 힘들 때 옆집 엄마 찾아가시지 말고, 저를 찾아주세요"라고 진심으로 말했던 나, 남편이 운전할 때 신호를 어기면

"조금 늦어도 괜찮아"라며 달래던 나였다.
그런 내가 지금 엘리베이터 거울속에서 초췌하고 비굴한 얼굴로 나를 바라보고 있었다.
 '지나간 일은 지나가게 두자' 심호흡 한 번 '회복달력' 한 장을 마음에 넘기고 다시 강의실 문앞에서 텐션을 올린다.

 원장을 하며 강사를 하는 것은 기쁨이자 축복이다. 하지만 평소 감동하는 학부모라도 내 아이와의 소통에 소홀함이 느껴지면 등을 돌릴 수 있다는 것을 안다. 강의를 잘 한다고 해서 원장으로서의 역할이 면제되는 것은 아니다. 그래서 나는 초심을 잃지 않으려고 노력한다. 결국 내가 강의를 할 수 있는 이유는 '원장'이라는 이름 덕분이다. 어린이집은 나에게 일터이자 얼굴이고 내 이름의 이미지를 만들어가는 집이다. 그것을 잊지 않을 때 말에 책임지는 사람이 되어간다.

 코로나시국, 모든 교육이 멈춘 듯하던 그때 기계치인 내가 온라인 줌 수업을 하게 될줄은 상상도 못했다. 화면에 내 얼굴이 뜨는 것도 어색하고 화면 너무 학습자의 반응을 살피는 것 조차 힘든 시간이었다.
 일요일 첫 비대면 강의를 위해 금요일 저녁부터 세팅을 시작했다. 제법 순조롭게 진행된다고 생각한 순간 화면에 '인터넷 연결이 원활하지 않습니다'라는 문구가 떴다. 심장이 철렁 내려앉았다. 학습자의 반응을 살필 겨를도 없이 강의를 이어갔지만 표정관리가 되지 않았다. " 혹시 지금 컴퓨터가 꺼지면 어쩌지?" 걱정이 머리를 꽉 채웠고, 내 입에서 어떤 말이 나오는지도 모를 정도로 정신이 아득했다. 버튼 하나 누리기도 겁나는 긴장속에서 겨우 진행하는데 "안 들려요" "교수님 영상이 안 들립니다"라는 메시지가 줄줄이 올라왔다. 나는 진흙에 빠져서 나오려고 할수록 빠지는 기분이었다. 줌강의를 맨처음 했던 그날 8시간을 컴퓨터 앞에서 씨름했다.

 어느 날은 강의 중 실수로 강아지 얼굴 필터가 씌워지기도 했고, 화면공유를 바꿀 때 나가기 버튼을 눌러 다시 시작하기도 했다. 강의 도중 전화가 울리고 내 주변 소리가 그대로 송출되기도 했다. 줌교육으로 학습자의 표정을 살피는 여유도 생길 무렵 조경 하시는 분이 잔디를 깎다가 인터넷 선을 잘라서 예고없이 화면이 꺼졌다. 임기응변으로 휴대전화의 줌을 켜고 강의를 하기도했다.

 줌강의 의뢰가 오면 손부터 떨렸다. 그럼에도 나는 포기할 수 없었다. 기술 앞에서 무너질 뻔했던 시간들이 나를 더 단단하게 만들어주었다. 유튜브 영상으로 사용법을 찾아보고, 교사들에게 방법을 배워가며 연습했다. 어떻게든 해내야 한다는 마음으로 버텼다. 그렇게 기계치인 나는 비대면 강의라는 거대한 장벽을 넘겼다.

 8시간 강의를 하면 다리가 퉁퉁 붓는다. 원래 하체가 약한 편이라 쉽게 피로를 느끼던 참이었다. 주말 대면 강의를 할 것인지 결정에 앞서 건강을 챙기는 것이 시급했다. 나는 그날부터 하루 만 보 걷기를 시작했다. '닐리리 만보' 클럽을 만들어 친한 지인들과 매일 만보를 걷고 인증샷을 올린다. 꾸준히 운동을 한 덕분인지 8시간 서있는 강의도 끄떡없다. 나는 그때보다 7년이나 나이가 들었는데도 말이다.

모든 경험은 의미가 있듯 힘든 시간을 보내면서 전문성이 생기고 마음의 여유도 생겼다. 심지어 타 지역으로 강의가는 날을 나는 '여행하는 날'이라 여긴다. 거창으로 강의가는 날 감악산 아스타 국화축제에 잠시 들리고, 부산으로 강의 가는 날 해운대 바닷가에서 차를 한잔 마신다. 나에게 주는 최고의 선물인 셈이다.

강의가는 길에 평소 듣고 싶었던 음악을 듣고 드라마를 듣기도 한다. 나는 드라마를 넋 놓고 볼 시간의 여유가 없다. 그래서 대부분 인기 드라마는 라디오처럼 운전하며 소리로 듣는다. 가끔 텔레비전에서 장면을 보게 되는 일이 숲속에서 보물찾기 하는 것처럼 설렌다.

하루 종일 이어지는 대면교육은 강사인 나에게도 긴장의 연속이다. 집중력이 흐트러질 수 있는 오후시간대를 고려해서 고민한다. 땡땡이무늬 원피스, 체크무늬는 시야가 어지러울 수 있어 의상에도 신경을 쓴다. 오전에는 머리를 풀고 바지를 입고, 오후에는 머리를 묶고 치마로 갈아입는다. 하루종일 수업이라는 긴 여정 속에 작은 변화 하나라도 학습자에게 환기가 되었으면 하는 마음이다. 강의가 지루하지 않도록 분위기를 바꾸고, 교육생들이 조금이라도 편안하게 수업에 집중할 수 있도록 돕는 일, 그런 섬세한 배려가 전달되었을 때 강사로서 보람을 느낀다. 단지 가르치는 강사를 넘어 호흡하는 강사로 기억되고 싶다.

강의를 준비하면서 나는 늘 학습자의 입장이 되어본다.
그들은 무엇이 궁금할까? 무엇을 얻기 위해 이 자리에 왔을까?
지금 수준은 어느 정도이며, 강의실 분위기는 어떤가?

그런 고민을 깊이 할수록, 강의는 풍성해진다.
 강의는 내게 기쁨이기도 하지만 언제나 갈등과 고난이 함께 따른다. 홈맘으로서 포기해야 할 것, 원장으로서 시간에 쫓기며 살아가는 일상, 여유조차 사치처럼 느껴질 때가 많다. 겉보기엔 우아해 보일지 몰라도 사실은 끊임없이 물 아래서 다리를 휘젓는 백조처럼 살아간다. 어쩌면 나도 모르는 사이에 시지프스처럼 끝없이 나 자신을 몰아붙이며 고통을 반복하고 있는지도 모른다.
때때로 '이쯤에서 쉬고 싶다'는 마음과 '지금은 멈출 수 없다'는 책임감이 뒤엉켜 아무 말 없이 조용한 전쟁을 벌인다. 바람에 흔들리는 나뭇가지처럼 나의 기준도 상황에 따라 흔들린다.
 '언제까지 강의하는 원장으로 살 수 있을까?' 문득 그런 생각이 스친다. 강의를 위한 전공 서적이 아니라 그냥 로맨스 소설 한 권을 편하게 읽고 싶을 때도 있다.
그럼에도 불구하고, 바닷가 카페에서 노트북을 열고 강의를 준비할 때, 새벽 어스름 속에서 강의장을 향해 차에 오를 때, 마음은 여전히 설레고 행복하다. 아마도 나는 평생 강사로 살아갈 운명인가보다.
 여행이 그렇다.
일상에서 벗어나 새로운 풍경을 만나고 낯선 사람들과 스치고 예상하지 못한 순간에 웃고 울기도 한다. 나에게 강의는 그런 틈새여행이다. 강의는 늘 설렘으로 시작된다. 여행을 떠나기 전 가방을 싸듯 나는 자료를 정리하고 질문을 예상하며 마음을 다잡는다. 처음 만나는 강의실, 낯선 표정의 학습자들앞에 서면 공항에서 비행기를 기다릴 때처럼 가슴이 두근거린다.
 여행이 그렇듯 강의에도 늘 변수가 따른다. 계획한 루트가 어긋나기도 하고 갑작스런 분위기 변화에 유연하게 반응해야한다. 마치 낯선 도시에서 우연히 찾은 숨은명소처럼 특별한 경험이 되기도 한다.
여행이 사람을 성장시키듯 강의도 나를 단단하게 만든다.
나는 오늘도 또 하나의 강의 여행을 준비한다.
내게 강의란, 일상에서 벗어나 새로운 문을 열고 나서는 하루하루의 작은 틈새여행이다.
나는 오늘도 그 여행을 떠난다.

나에게 강사란?

강사는 마음의 상처를 낫게 하는 마데카솔이다

3장

강혜라

나는 변화의 씨앗을 심는 강사다.

▌ 작가 소개

- ☑ (재)경남테크노파크 근무중(15년)
- ☑ 경영학 석사(마케팅전공)
- ☑ ㈜ESG경영연구원 컨설턴트
- ☑ 국가인적자원컨소시엄 사업 담당
- ☑ 한국창의재단 과학문화양성사업 담당
- ☑ 작가, 블로거, 바리스타 2급 자격
- ☑ 기술평가사, 기술경영사 자격

▌ 연락처

- ☑ 이메일 : aira16@naver.com
- ☑ 블로그 : https://blog.naver.com/aira16
- ☑ 네이버검색: 강혜라강사 / 닉네임 라라올라

#1

강의 계기
진땀 나는 프로젝트

대학교 2학년 기말고사 시험을 대체하여 팀 프로젝트를 진행한 적이 있었다. 같은 팀원은 꼰대 선배 오빠 두 명과 화장과 옷차림에 더 신경을 쓰는 두 명의 여학생이었다. '팀 프로젝트를 망하게 할 순 없으니 내가 발표해야겠다.'

대학생이 된 이후로 처음 발표를 맡게 되었는데 연습하면 할수록 더 발음이 안 좋아지고 말하는 속도가 빨라져 집중이 되지 않았다.
"혹시 요즘 고민 있어?"
"팀 프로젝트 발표를 하려는데 발표를 해본 적이 없어서 좀 걱정되는데 무대공포증 극복하는 방법 어디 없을까?"
"그래? 그럼 내가 아는 선배 중에 아나운서를 지망하는 언니가 있는데 소개해 줄 테니 배워볼래?"

아나운서 준비 중인 선배로부터 악센트나 호흡 방법, 전달력을 강화하기 위한 제스처 등을 배울 수 있었다. 간절하면 도움을 받을 수 있고 그것이 나를 성장시킨다는 것을 느낄 수 있었다.

"경영학부 2학년 강혜라입니다. 7조 발표하겠습니다."
발표하는 날 다소 긴장하기도 하고 평소에 입지 않던 옷을 차려입은 내 모습이 어색해서 평소보다 목소리 톤이 높아지고 말하는 속도가 빨라졌다.

"두근두근 두근두근" 심장박동 수가 빨라졌다. 그 수많은 호기심의 눈이 모두 나를 향해 레이저를 발사했다. 갑자기 식은땀이 등줄기를 타고 흘러내렸다. 손에 들고 있던 발표 자료가 미세하게 떨렸고 글자들이 뱅뱅 돌다가 내 머릿속이 새하얗게 백지장처럼 변했다.

몇 초의 정적이 흐르고 번뜩 정신을 차려서 파워포인트를 넘기며 연습했던 대로 발표했다. 중간중간 더듬거려서인지 손에 땀이 마구마구 났다. 정신없이 어지러운 틈 사이로 멀리 교실 뒤편에 서 계신 교수님을 한번 쳐다보았다. 시작하라는 눈짓을 주셨다.

나에게 발표를 맡겨준 조원들을 실망하게 하고 싶지 않았다. 조별 프로젝트를 진행하면서 제일 베짱이 같은 선배에게 복수한다는 생각으로 쳐다보며 집중했다. 우여곡절 끝에 다행히 15분 만에 끝까지 발표를 마쳤다. 울렁증을 이겨내니 우렁찬 박수 소리를 들을 수 있었다. 발표가 끝난 후 많은 사람들이 나에게 관심을 가지기도 하고 발표 잘 들었다고 지나가며 아는 척을 해서 반짝 인기녀가 되기도 했었다.

발표한 날 밤, 침대에 누워 왜 이렇게 긴장해서 떨었을까 생각에 잠겼다. 이렇게 했더라면, 저렇게 했더라면 발표를 조금 더 잘할 수 있었을 텐데 아쉬운 마음이 계속 남아 찜찜했다. 다음번에 기회가 오면 더 잘할 수 있도록 준비를 더 해야겠다고 생각했었다.

회사에서 매년 우수사례나 결과 보고를 발표하곤 한다. 두려움은 내 마음의 상자에 소중히 담겨있어서 쉽게 사라지지 않았다. 대학생 때 프로젝트를 발표하던 그 순간을 떠올리며, 전날 반복해서 연습해도 막상 발표하러 앞에 서면 트라우마처럼 머릿속이 새하얗게 변하기도 한다.

나는 세바시를 가끔 찾아본다. 강연자들은 전문 강사가 아님에도 불구하고 발표를 어떻게 저렇게 잘하는지, 몰입되게 자기만의 이야기를 이어가는지 궁금했기 때문이다. 나도 언젠가 나만의 이야기로 다른 사람들에게 감동과 희망을 주는 그런 사람이 되고 싶어졌다.

#2

강의 분야
독서와 홈트
ESG 경영지도 및 보고서

어느 날, 알고리즘으로 새로운 김미경 강사님의 영상이 올라와 있었다. 그 영상을 본 후 몇 개 더 찾아보니 어느새 스며들어 나도 언젠간 저런 용기와 희망을 전달할 수 있는 사람이 되고 싶다고 생각했다.

김미경 강사가 학장으로 있는 MKYU(MK&You University)라는 온라인 대학을 오픈했음을 알게 되었다. 가입 후 MKYU 웰컴 박스를 택배로 받고 좋아했던 기억이 난다. 그 당시 나는 잦은 야근과 스트레스로 약간 지쳐있던 상태였다. MKYU는 김미경 학장님이 MKYU를 통해 소통하고 많은 쨰쨰이들로부터 공감과 치유를 얻고 싶었던 것 같다. 쨰쨰이는 김미경 학장님과 함께 미라클 모닝을 함께 하는 회원을 지칭하는 말이다.

김미경 학장님의 새벽 강연을 듣기 위해 미라클 모닝을 하면서 감긴 눈으로 노트북을 켰다. 하루 계획도 세우고 해야 할 일들도 점검했다. 어느 날 MKYU에서 1,000명씩 참여할 수 있는 단톡방을 10개 만들어줘서 소통하게 되었다. 첫 시즌에서는 전국에서 무작위로 들어가게 되었고 두 번째 시즌에서는 지역별로 단톡방을 만들어줬다.

그 안에서 각자 미라클 모닝을 수행하는 목적에 따라서 독서그룹, 명상그룹, 필사그룹, 요가그룹 등이 형성되었다. 그룹을 이끌어 가는 리더들은 인생에 대해 굉장히 열정적이고 각 분야에서 다양하게 활동하시는 분들이셨다. 여전히 소중한 인연으로 남아 가끔 안부를 묻고 그 지역에 가면 연락해서 얼굴을 보며 커피 한잔하고 싶어진다.

새벽 6시에 김미경 학장님의 인사이트가 담긴 강연으로 하루를 열고, 6시 반부터 각 그룹에서 여러 활동들을 운영했다. 나는 독서그룹에서 리더를 맡아 아침마다 바짝 긴장해서 하루의 문을 열었다. 처음에는 생소했는데 줌을 매일매일 사용하고 사용 방법도 익히게 되었다. 나중엔 내가 새로운 리더가 생길 때마다 하나하나 가르쳐 드릴 정도가 되었다.

내가 운영하던 독서그룹에는 경력 단절된 주부들이 많이 참석했다. 30대 후반이었던 나는 비교적 어린 편이었다. 60대도 아주 아주 가끔 줌을 켜고 들어왔다. 버벅거리며 시간이 좀 걸리지만 잘 따라 하고 새로운 걸 해보는 즐거움을 표정에서 느낄 수 있었다.

평소에 책을 읽어야지 하던 것들도 미루는 습관으로 끝까지 읽지 못했는데 켈리 최의 '웰씽킹', 도리스 메르텐의 '아비투스' 등 추천 도서를 정해서 참여자가 돌아가면서 하나의 소주제를 읽고 한마디 감상평을 공유했다. 근데 나도 만약 리더가 아니었더라면 매일 기상과 출석도 힘들었을 것 같다.

그렇게 미라클 모닝 시즌이 종료되고 나서도 계속 그걸 이어가려는 사람들이 모여서 '미라클 모닝 포에버(미모포)'를 운영하게 되었다. 나의 활동명은 '강롸롸'였고, 한번 들으면 잘 기억나는 강렬한 별명이었다. 나의 부모님은 나에게 애칭으로 '라라'라고 불러 주신다. 약간 외국 발음처럼 혀를 꼬아 소리를 내면 강롸롸 소리가 난다.

전국에서 모인 20명의 리더가 오픈카톡방을 운영하고, 미라클 모닝을 계속 이어가고 조금 더 내적 친밀함도 쌓이게 되었다. 나는 특별히 잘하는 건 없지만 얼마 전 지옥의 PT를 마치고 보디 프로필을 찍은 경험이 있다고 했다.

그러자 다른 리더들은 나에게 '홈트그룹'을 운영하라고 그랬다. 각자 집에서 건강을 챙길 수 있도록 저녁 식사 후 7시에 모여서 땅끄부부, 빅씨스, 심으뜸, 소미핏 등의 홈트 영상을 하나씩 틀어서 따라해보는 것이었다.

나는 전문적이진 않았지만 그래도 리더라는 책임감으로 어떤 일이 생겨도 노트북을 켜고 시간이 허락하는 분들을 모아서 홈트를 했다. 몰래 회의실에 들어가서 동작을 따라하다 동료가 들어와서 민망했던 에피소드도 있었다. 오프라인에서 만나기는 힘들지만, 먼 곳에 사는 사람끼리 같은 시간에 같은 동작을 하는 이런 코로나 시대에 적응한 모습이 우습기도 했다.

처음에는 거실이나 방에서 줌을 켜고 가벼운 운동을 하는 모습에 서로 웃겨서 진행하기가 어려웠던 적도 있었고, 중간에 들어오거나 참여 못 한 분들도 많아져서 기운이 빠질 때도 있었다. 한 달 정도 하고 나니 나중에는 괜히 보고 싶고 안부를 묻고 싶어져서 더 잘 참석하게 되었다. 어린 자녀와 함께 하기도 하고 가끔 남편이 지나가다가 보고는 같이하기도 하고 참 소소하게 즐거웠다.

친목이 강화된 리더들이 서울 홍대에 있는 MKYU 카페를 찾아가 김미경 학장님을 만나 사진도 찍고 근황과 조언도 얻기도 했다. 홍지민 배우의 뮤지컬을 관람하며 응원하는 이벤트도 했다. 회사에서 대전으로 출장 갈 일이 생겨서 리더를 만나 저녁을 함께 먹기도 했다. 부산에 있는 김해공항에서 만나기도 했다. 양평에 가서 유명한 분들도 만나기도 했다. 이런 일들이 가능했던 것은 전부 내가 MKYU를 하고자 선택했기 때문이다.

그중 몇몇은 미라클 모닝을 통해 변화된 자신의 모습에 만족하고 그것을 기록하고 책을 내신 분도 있었다. 매일 아침 새벽, 가장 먼저 감사로 하루를 시작한다고 했고 그것이 모여 기적을 만들었다고 책에 썼다. 그때 나도 어렴풋이 나만의 경험을 바탕으로 인사이트와 기적을 책으로 쓰고 싶다고 생각했다.

이런 경험의 연장선에서 사내 동호회 중 하나인 독서동호회에서 조장을 맡아 분기별로 독서토론을 5년간 해오고 있다. 각자 원하는 책을 지원금으로 구매하고 일정 기간 읽은 책 내용을 돌아가면서 감상을 이야기하는 시간을 갖는다. 재미있어 보이는 책이 있으면 서로 교환해서 읽어보기도 하고 집에서 잘 읽어지지 않는 책을 한 권이라도 읽고 감상문도 쓰고 발표도 하는 유의미한 시간도 갖는다.

독서동호회에서 ESG 의식 강화를 위해 짧게나마 강의했다. 비록 정식적인 강의는 아니지만 나의 대학교 첫 프로젝트 발표, 사업 결과 보고 발표 등의 경험들이 스쳐 지나가면서 또 긴장되고 어색한 표정이 먼저 튀어나와 버렸다. 하지만 이내 익숙한 얼굴이라 조금 더 마음이 여유가 생겼다. 이렇게 하나하나 쌓아 가는 것이구나 하고 느꼈다.

먼저 배워서 가르쳐 주는 사람을 선생이라고 했다. 내가 한 분야에 전문가가 되려면 시간이 더 필요하겠지만, 먼저 배워 지식과 감동을 전달한다면 훌륭한 강사로서 손색이 없다고 생각한다.
코로나를 겪으면서 집에 있는 시간이 많아지자, 온라인에서 다양한 강의도 많이 들었다. AI와 메타버스가 대두되던 시기에 지역에서 메타버스와 관련된 강의를 섭외해서 과학 페스티벌 행사를 기획할 때 초청한 강사님과 인연이 되어서 메타버스 전시회도 열게 되었다.

메타버스를 활용해 광복절 테마로 꾸민 공간을 창조하고 그 경험을 글로 남겨서 공저 책을 썼던 적이 있다. 지금은 그 책이 어디에 돌아다니는지는 잘 모르겠으나 그때가 공식적으로 나의 첫 글이 아니었나, 생각이 든다.

삶의 해학이 담겨있고 동시에 깨달음을 주는 그런 재치 있는 강사가 어느새 나의 꿈이 되었다. 김미경 학장님이 디지털 세상에서 살아남기 위해 준비가 필요하다며 늘 말씀하셨는데 AI나 메타버스, 모바일 등 디지털 세상으로의 변화가 새로운 강의 기회로 다가왔다. 때로는 부모님같이 사용법을 모르고 서툰 분들을 위해 핸드폰이나 온라인에서 자연스럽게 사용할 수 있도록 디지털 튜터가 되어 배움을 나누고 싶다.

몇 년 전부터 ESG라는 개념이 많이 부각 되었다. 내가 2020년부터 담당하게 된 분야가 바로 '과학 문화역량강화사업'인데, 격년으로 창원 CECO에서 '경남과학대전'이라는 과학 문화 행사를 개최하는 업무가 포함됐다. 더불어 과학 문화에 대한 다양한 체험학습 등의 기회를 더욱 많이 제공하는 게 나의 역할이었다. 여러 가지 경험들이 차곡차곡 쌓여 오늘의 내가 되었다.

#3

강의 사례
숫자 너머의 진심

얼마 전, ESG 보고서 교육을 나간 적이 있다. 회의실 한가운데에 긴 테이블이 놓여 있었고, ESG라는 단어가 낯선 듯한 임직원들이 조심스럽게 자리를 채우고 있었다. 나는 그 자리에서 ESG의 정의를 말하기보다 먼저 이렇게 말했다.

"ESG는 기업의 양심을 기록하는 일입니다"
"보고서에는 숫자가 담기지만, 결국 사람의 이야기를 쓰는 것이기 때문이다."

처음에는 어색했던 분위기가 조금씩 풀리기 시작했다. 이 교육이 내게 오래 남는 이유는 마지막 질의응답 시간 때문이었다.

"ESG가 왜 우리 회사에 필요한지 모르겠습니다. 지금도 바쁜데,

이런 보고서를 꼭 만들어야 하나요?"

한 과장님이 조심스레 손을 들고 말했고, 다른 직원들도 고개를 끄덕이며 동조했다.

나는 한참을 그 말을 곱씹고 나서는 조용히 대답했다.
"네 좋은 질문입니다. 사실, 회사에서 ESG는 당장 눈에 보이는 성과를 만들지는 않습니다. 하지만 ESG는 당장의 효율보다 지속 가능한 존속에 관한 이야기입니다. 이 보고서는 외부를 위한 것이 아니라 여러분 자신과 회사의 미래를 위한 기록입니다."

그리고 PPT의 한 장면을 넘겼다. 슬라이드에는 그 회사의 사내 청년 봉사단 활동사진이 담겨있었다.
"이 사진은 어떤 ROI를 낼 수 있을까요? 계산하기가 어려워 보이죠? 하지만, 이 안에는 기업이 가진 철학이 담겨있습니다. 그것이 바로 ESG의 시작입니다."

그렇게 강의 시간 후 한 직원이 나에게 다가왔다.
"사실 저는 이 보고서 때문에 야근이 많아졌어요. 그런데 오늘 강의 들으면서 처음으로 왜 하는지를 알게 되었어요. 이게 단지 문서 작업이 아니라, 우리가 일하는 방식 자체를 바꾸는 일이라는 걸 알게 되었습니다."

그날 나는 강사로서 무언가를 가르친 것이 아니라 함께 '생각을 옮긴' 경험을 했다. 보고서 작성 교육이라는 제목으로 시작된 이 강의는 결국 기업의 정체성을 묻는 시간으로 바뀌었다. 그 이후로 나는 강의할 때 빠지지 않고 이 이야기를 꺼낸다. ESG 보고서란 단순한 체계가 아니라 기업이 스스로에게 묻는 하나의 질문이라고.

컨설턴트로서 나는 기준을 제시하고 시스템을 설계한다. 하지만 강사로서 나는 늘 본질을 말하고 싶다. 이 회사가, 그 조직이, 그 사람이 어떤 철학으로 세상을 대하고 있는지. 그리고 그것이 문서 한 장에 담길 때, 보고서는 더 이상 작업이 아니라 기록이 된다고. 그래서 오늘도 나는 강단에 선다. 데이터를 말하면서도, 사람의 온도를 잊지 않기 위해. 표준을 설명하면서도 각 기업의 이야기를 귀 기울이기 위해. 그리고 무엇보다, 숫자 너머의 진심을 함께 찾아가기 위해서.

#4

강사 역할
마음으로 남기는 기록

ESG에 관한 관심이 우리 회사에도 매년 늘어나고 있다. 공공기관에서는 지역의 수많은 중소기업에 대해 지원사업을 하고 있는데 이를 평가하기 위해서 ESG 기준이 평가 항목에 포함되었다. 또한 우리 회사 홈페이지에 회사 ESG 보고서를 게시해야만 하기 때문이다.

많은 강의를 해 왔지만, 이번만큼은 조금 남달랐다. 내가 재직 중인 회사에서 ESG 내부 강의를 맡게 된 것이다. 익숙한 공기와 익숙한 사람들 사이에서 나는 낯선 마음으로 마이크를 들었다. 외부 강의보다 오히려 더 어렵겠다는 생각이 스치기도 했지만, 곧 설렘으로 바뀌었다.

"여러분, ESG는 우리가 지원하는 수혜기업의 기준이 아니라 우리가 함께 지켜나갈 약속입니다." 그렇게 첫 강의의 문을 열었다.

처음에는 조용했다. 환경과 사회 그리고 지배구조라는 단어가 우리 업무와 얼마나 어떻게 연결되는지 실감하지 못하는 듯했다.

나는 거창한 용어보다는 작은 사례로 다가갔다. 사무실 전반에서 줄어든 일회용품 사용량, 일과 삶의 균형을 위한 유연근무제 도입, 작지만 꾸준했던 다양한 사회공헌 활동들이 ESG의 본질이라고 설명하자, 몇몇 동료들의 눈빛이 달라졌다.

"그럼, 우리가 이미 ESG를 하고 있었던 거네요?"
"네 그렇습니다. 단지 이름을 붙이지 않았을 뿐, 방향은 이미 정해져 있었고 잘 실천해 왔습니다."

한 번의 강의가 끝나자 다른 관계기관에서 추가 요청이 들어왔다. 한 달 동안 창원 내에서 여러 강의를 진행했고 그 안에서 작지만, 분명한 변화의 기류를 느꼈다.

그리고 회사 내에서도 팀별 맞춤 강의를 몇 번 더 진행했고, 사람들은 ESG를 업무 외 일이 아니라 업무 속에 스며든 태도와 기준으로 받아들이기 시작했다.

그리고 마침내 원장님으로부터 한 통의 메일이 왔다.
"ESG 관련 논의를 정기화하고, 이를 추진할 기획팀을 구성하려고 합니다. 내부 강의가 큰 자극이 되었습니다."

그 문장을 읽는 순간, 나는 숨을 한번 고르고 천천히 웃었다. 말이 씨가 되었다. 그리고 그 씨는 이제 단단히 뿌리내리려고 하고 있었다.

우리 팀의 첫 회의는 인상 깊었다. 보고서를 쓰기 위한 점검표보다 우리가 근무하고 싶은 회사는 어떤 회사인가 하는 질문이 먼저였다.

누군가는 '신뢰받는 브랜드'라고도 했고, '직원이 자부심을 느끼는 회사'라고도 했다. 나는 그 자리에서 조용히 메모를 적었다. "지속 가능성은 결국, 철학에서 시작한다."

이제 ESG는 회사의 프로젝트가 아닌 사람들의 언어가 되어 가고 있다. 보고서 작성을 위한 업무가 아니라 대화를 위한 공통 언어가 된 것이다. 강사로서 이보다 더 뜻깊은 변화는 없다. 이미 우리는 실천하고 있고 그것을 함께 모아 '이름'을 붙여 주는 것이 바로 지금 우리가 할 일이다.

#5

가장 행복했던 시간과 힘들었던 시간
말의 힘을 믿는 사람과
말을 지키는 사람

어느덧 내 이름 앞에는 ESG 강사라는 호칭이 자연스럽게 붙었고, 배움을 전하는 사람이다. 하지만 나는 내 일이 여전히 설렌다. 단순한 정보 전달자가 아니라, 사람의 가능성을 믿고 일깨우는 사람으로 살아간다는 이 사실이 말이다.

강사라는 직업이 내게 가장 큰 선물인 이유는, 사람 앞에 서는 일이 곧 내 삶을 더 사람답게 만들어 주기 때문이다. 내가 말하는 단어 하나, 문장 하나가 누군가에게는 다시 시작할 용기가 되기도 한다.

그 말을 들은 한 사람이 고개를 끄덕이고, 눈빛이 달라지고, 생각이 자라는 것을 보는 일. 그건 말로 다 형용할 수 없는 감동이다. 그리고 나는 그 순간을 위해 수없이 많은 슬라이드를 다시 만들고 다시 공부한다.

몇 해 전, 한 중소기업 교육 현장에서였다. ESG 강의를 마치고 돌아서는 순간, 한 직원이 조심스럽게 다가왔다. "강사님, 저는 평생 숫자만 다루는 일을 해왔었어요. 그런데 오늘 처음으로 내가 하는 일들이 사회와 연결되어 있다는 생각이 들었어요. 오랜만에 제 일에 자부심이 생겼습니다. 감사합니다."

나는 그 말을 아직도 기억한다. 그날 이후 강의라는 것은 단지 정보를 주는 게 아니라 사람들에게 존재 이유를 다시 느끼게 해주는 것임을 더 깊이 믿게 되었다.

강사로 산다는 건 단순히 앞에 선다는 뜻이 아니다. 앞서서 걷기보다는 함께 걸어주는 사람이 되는 일이다. 그래서 나는 늘 '러닝메이트'라는 표현을 좋아한다. 내가 조금 먼저 고민했고, 조금 먼저 넘어졌던 경험을 솔직하게 나눌 수 있다면, 그래서 시행착오를 나눈다면 그건 누군가의 불안을 덜어주는 데 분명 도움이 될 수 있으리라 믿기 때문이다.

강의가 끝난 후, 참가자들이 조용히 메일을 보내온다.
"강의 중에 이 말이 마음에 남았어요."
"오늘 강의를 들으며, 저도 다시 도전해 보려 합니다."
그런 문장들을 받을 때마다 나는 혼자 고개를 숙인다.

내가 쓴 문장이 누군가에게 다가가 문장이 되었다는 사실은 작가로서도 강사로서도 더할 나위 없는 큰 보람이다.

무엇보다 강사라는 일은 말의 무게를 끊임없이 생각하게 만든다. 무심코 던진 말 한마디가 누군가의 방향을 바꿀 수 있기에.

말을 통해 누군가의 삶에 스며든다는 것,
그것이야말로 강사라는 직업이 가진 가장 멋진 마법 아닐까?

강의는 늘 준비된 무대처럼 보이곤 한다. 단정한 슬라이드, 매끄러운 진행, 적절한 농담과 질문 유도, 하지만 그 이면에는 아무도 모르는 긴장감과 돌발, 실패의 그림자가 있다. 강사는 순간의 위기를 버텨내는 훈련과 같다.

그날도 그런 날이었다. 중견기업 임직원을 대상으로 하는 ESG 보고서 작성 실무 강의. 사전 미팅을 통해서 실무 중심으로 알맹이 있는 내용을 원한다는 요청을 받았다. 평소보다 더 깊이 있는 데이터 사례와 실제 보고서 양식을 준비했고 슬라이드는 100장이 넘고 발표 연습도 두 차례나 더 했다.

그런데 막상 강의장에 도착해보니 분위기는 전혀 달랐다. 의자에 비스듬히 기대앉은 얼굴들. 뭐 하는지 들어나 보자는 눈빛. 슬쩍 건넨 인사에도 돌아오는 반응은 차가웠다. 심지어 한 임원은 10분 만에 나가버렸고, 뒷자리에서는 조용히 스마트폰을 보던 참가자들이 속

속 잠에 빠져들고 말았다.

나는 흔들렸다.
"혹시 너무 이론적인가?"
"혹시 말투가 딱딱했나?"
그 순간부터 갑자기 PPT 글자들이 낯설게 보이기 시작했다. 말은 점점 끊기고 부자연스러워졌다. 나는 내 속도와 감을 잃어갔다. 무대 위에서 홀로 길잃은 배우처럼

그 강의는 나의 실패 사례로 오래 남아 있었다. 그날 이후 나는 강사로서 처음으로 깊은 회의를 느꼈다.
"나는 지금까지 그냥 나 혼자 잘 말하는 것에만 집중했던 것일까?"
"진짜 필요한 것은 전달이 아니라 연결이 아니었을까?"

며칠간 고민을 반복한 끝에, 나는 내 강의안을 전면 수정하기로 결심했다. 강의가 아닌 대화가 되어야 한다는 것을 느꼈기 때문이다. 슬라이드 수를 절반 정도 줄이고, 질문과 참여형 코너를 넣었다. 정답을 말하기보다는 어떻게 하면 현장에서 당신이 가능할지를 묻는 방향으로 말이다.

그리고 다음 강의에서 나는 참가자들에게 말했다.
"오늘 이 시간은 제가 지식을 전달하는 자리가 아닙니다. 여러분이 이미 알고 있는 일들을 ESG라는 언어로 다시 설명해 보는 시간

입니다."

놀랍게도 그 말 한마디에 강의실의 공기가 달라졌다. 누군가는 고개를 들었고, 누군가는 조심스레 질문했다.

"오늘 강의 참 편안했어요. 나도 ESG를 할 수 있을 것 같다는 생각이 들었어요."

그때 알았다. 강사는 실수할 수도 있다. 실패할 수도 있다. 하지만 진심은 회복된다. 내가 다시 단단해질 수 있었던 건 실패 앞에서도 멈추지 않았기 때문이다.

예기치 못한 돌발상황을 몇 번씩 겪어 본 나는 항상 백업 자료를 2개 이상 준비하고, 오프라인일 때는 유머 한 마디를 가슴에 품고 들어간다. 강사로서 겪는 위기와 고난은 예고 없이 찾아온다. 그때마다 나는 두 가지 질문을 스스로에게 던진다.

"지금 이 자리에 있는 사람들에게 정말 필요한 것이 무엇일까?", "나는 그들의 시간을 책임질 만큼 마음을 다했는가?"

그 질문에 솔직히 대답할 수 있다면, 실패도 성장의 한 조각이 된다. 그리고 언젠가, 그 조각들이 강사의 얼굴과 명함이 되어줄 것이다. 조금 더 유연하고, 조금 더 단단하고, 조금 더 따뜻한 얼굴로 말이다.

#6

내가 배운 인생의 교훈들
당신의 러닝 메이트

첫 슬라이드를 넘기던 그 손끝, 마주 앉은 청중들의 낯선 표정, 그리고 예상치 못한 질문들로 나는 떨렸다. 그리고 강의가 끝난 후, 내가 잘 해낸 걸까? 하는 혼잣말.

지금은 자연스러워 보이는 이 일들도 사실은 수많은 불안과 좌절, 다시 일어서기의 연속이었다. 그래서 오늘, 나는 당신에게 러닝메이트로서 이 글을 전하고 싶다.

강사는 지식을 전달하는 사람이 아니다.
강사는 가능성을 발견하는 사람이다.

말을 통해 누군가의 마음을 열고, 삶의 방향을 가만히 일깨워 주는 사람. 그렇기에 강의의 본질은 말솜씨나 화려한 구성보다도 얼마

나 진심을 담았는가, 얼마나 사람들을 바라보았는가에 있다.

지금 당신이 부족하다고 느낀다면, 괜찮다. 당신은 지금 성장이라는 가장 귀한 길 위에 서 있다. 완벽하게 시작한 사람은 없다. 오히려 실수와 흔들림 속에서 더 단단해지는 것이 강사의 길이니 말이다.

나 또한 한때는 실패 앞에서 좌절했다. 강의 도중 질문에 제대로 답하지 못해 얼굴이 달아올랐던 그날, 무표정한 청중들 앞에서 마음속 대사를 놓쳤던 순간들.

하지만 돌아보면 그 시간이 나를 키운 것이다. 그리고 그 순간마다 내 곁에 있었던 건 나보다 조금 먼저 시작한 누군가의 조언과 응원들이었다.

그래서 나는 지금, 당신의 러닝메이트가 되기로 한다. 앞서 달리려는 사람도, 뒤를 밀어주는 사람도 아니다. 당신과 같이 속도로 옆에서 함께 걷는 사람.

당신은 이미 많은 것을 가졌고 갖췄다. 말의 힘을 믿는 마음, 배움을 나누고자 하는 진심, 그리고 지금 이 자리에서 누군가를 위해 서 있으려는 용기. 그것만으로도 충분하다.

그리고 꼭 기억해 주었으면 한다.

'배움은 끝나지 않아야 진짜 배움이라는 것'을.

누군가 배움을 건넬 때마다 나 역시 배우고 있다는 사실을 잊지 말자. 그러니 조급해하지 말자. 지금, 이 순간도 당신은 자라고 있다.

"당신은 잘하고 있어요. 그리고 이 길의 끝엔 분명히 더 따뜻한 당신이 기다리고 있어요."

나에게 강사란?

강사는 강의를 통해 사람을 이롭게 만드는 것이다

4장

송 원 영

그래서 나는 강사가 되었다

▌ 작가 소개

- ☑ ㈜워너비즈 대표이사
- ☑ 이엠메이트 대표
- ☑ 여성 CEO 리더십 전문위원, 사회적기업 인증기업
- ☑ 인성양성지도사
- ☑ 취창업컨설턴트, 셀프리더십 멘토
- ☑ 네이버 인물검색: 송원영 / 닉네임 꼼데가르쏭작가

▌ 연락처

- ☑ 이메일 : hcomm2012@naver.com
- ☑ 블로그 : http://blog.naver.com/wannabes2014
- ☑ 인스타그램 :
  http://www.instagram.com/wannabe_s_2021/#
- ☑ 네이버검색: http://wannabes.co.kr/

#1

강의 계기
내 삶의 무게

"네가 고추만 달고 태어났어도 크게 될 인물인데~"

어렸을 적 늘 어머니는 내게 말하셨다. 그래서일까 동네 사내아이들보다 씩씩하고 그들에게 뭐든 지지 않으려고 골목대장도 내가 해야 꼭 해야 했다. 아침이 되면 온 동네 아이들을 다 불러 모으는 일부터 시작한다.

"종철아, 놀자~~진희야 우리 집 마당으로 모이는 거야"

삼삼오오 불러 모은 아이들 앞에선 나는 마당 한가운데에 큰 돌덩이 위에 앉아 선생님이 된다.

"여러분 오늘은 노래자랑을 할 거예요~~ 어제 숙제로 내 준게 있으니 한 명씩 나와서 불러보는 거예요."

"난 안 할래~ 부끄러워! 하기 싫어!

"선생님 시키는 데로 안 할 거면 집에 가세요~"

그렇게 내 말을 듣지 않으면 모두 다 집으로 돌려보낸다.

그런 나를 보며 어머니는 "우리 선머슴 막둥이가 선생님이 되려나 보다~ 훌륭한 선생님이 되거라~ " 말하셨다. 학창 시절 공부를 잘하는 아이도 발표를 잘하는 아이도 선생님의 관심을 받는 아이도 아닌 나에게 대학교 1학년에 만난 이인경 교수님은 나를 많이 아껴주셨다. 나도 그분이 좋았다. 그래서 수업이 시작되기 전에 물을 떠 드리기도, 나의 간식을 나눠드리기도 했다. 감사의 인사도 놓치지 않았다.

졸업을 앞두고 취업을 준비하는 나에게 좋은 일자리를 소개해 주신 곳에서 만난 정현화 원장님은 아직도 나에게 가장 따뜻한 리더로

자리 잡고 계신다.

말은 나면 제주도로, 사람은 나면 서울로 가라고 했다

나도 서울에 가고 싶었다. 대학교수를 겸직으로 하고 계신 나의 롤모델 교수님이 이미지메이킹학원을 개원하신다는 소식을 접한 나는 교수님을 찾아가 조언을 구했다.

취업을 위한 지원서 첨삭과 면접 복장에 대한 가벼운 컨설팅을 받고 서울로 가는 KTX에 올라탔을 때만 해도 기고만장, 우물 안 개구리의 뜻을 몰랐으리라. 쓴 결말을 맛보고 내려오는 기차 안에서 부끄러움과 후회의 눈물을 삼켰으리라. 정신을 차려 다시 찾아간 교수님은 나에게 제안을 주신다. 여기 와서 다양한 프로그램도 접하고 유능한 선배 강사들에게 도움을 받아 재도전해 보라고 하셨다.

주말마다 찾아간 그곳에서 만난 훌륭한 분들의 스토리와 경험이 나에게 다시 자신감을 되찾게 해주었고 희망을 보게 되는 찰나에 기회가 찾아온다.

센터에서 진행되는 강연에 강사님 한 분이 개인 사정으로 참여를 못 한다는 소식에 급히 투입된 나는 잘 해내야 한다는 생각보다 후회 없이 해보자는 생각으로 어떤 말을 했는지도 모르겠다.

학창 시절 발표하느니 청소하겠다고 했던 내가 처음 보는 사람들 앞에서 강의라니! 도저히 상상할 수 없는 일이었다. 지금 생각해도 어떻게 시간이 흘렀는지 기억이 나질 않는다. 박수 소리와 함께 멍멍한 가슴으로, 센터로 돌아온 나에게 교수님이 말하셨다.

"원영아, 너도 할 수 있다. 좋은 강의였다고 한다. 서울로 취업하지 말고, 여기서 강사로서 꿈을 키워보자."

이제 나는 강사다!

어릴 적 아무도 없는 집에 들어오는 것이 그토록 싫었다. 그래서 내 아이가 돌아올 때 반갑게 맞이하는 엄마가 되어야 하겠다고 마음먹었고, 나이 차이가 많은 큰언니의 결혼생활을 보며 여자가 경제력을 잃으면 안 된다고 마음먹었다.

교수님을 보니 강사의 삶은 내가 원하는 꿈을 이룰 수 있을 거란 생각이 들었다. 시간의 여유! 경제적 자유! 다양한 스토리 경험! 이것이 내가 강사가 된 가장 큰 계기이며 18년을 영위할 수 있는 이유이다. 누군가에게 영향력을 행한다는 것은 매우 어려운 일이지만 오늘도 나는 바라본다. 꿈과 희망을 잃지 않은 그들을 위해~

#2

강의 분야
이미지메이킹, CS강의 및 커뮤니케이션, 취업스킬과 진로지도, 경영지도와 퍼스널브랜딩

personal Branding

"월 천 강사"

"강사라는 직업, 인생을 말하다"

나는 18년 차 강사다. 정확하게 말하면, 10년 차 강사 경력을 가지고 8년을 강사 시장에서 경영을 했다는 것이 맞겠다. 강사의 꿈을 꾸고 도전한 지 올해로 18년 차가 되었다.

지금은 강사라기 보다 강사의 꿈을 가진 분들의 역량 강화에 도움을 주고 그분들에게 좋은 기회를 연결해 주는 조력자라고 하는 것이 더 맞겠다. 지금부터 18년 동안 강사 시장에서 살아남은 강의 노하우와 기획자로서 자질에 대해 적어보고자 한다.

나의 강의 경력을 연차별로 기준을 나눠보자면,
0~1년 차 입문 예비 강사, 강의 초보
2~4년 차 강의력 다지는 신입 강사
5~8년 차 정체성 확립하는 중급강사
9~12년 차 브랜드 강사로 도약하는 시니어 강사
13~18년차 강사 이후의 삶을 설계하는 고경력 강사 및 멘토라고 구분 지을 수 있겠다.

대학교 시절 존경하는 교수님이 있었다. 그분을 보며 강사라는 직업을 새롭게 인식하게 되었다. 시간을 자유롭게 쓸 수 있고, 아이를 돌보며 일하는 엄마가 될 수 있으며, 어디서나 당당하게 존경받는 직업이라고 생각하게 되었다. 그래서 나의 본보기를 정하고 따라 하기 시작한다.

강사의 시작, '이미지메이킹' 이다.

2000년대 퍼스널 이미지 메이킹이란 내용은 기업인, 연예인, 유명인에게만 적용되었던 것이 개인에게도 이미지란 중요한 요소로 작용하면서 교육시장에도 붐을 몰고 왔다.

이미지는 내적 이미지와 외적 이미지로 나눌 수 있으며 첫인상을 결정짓는 가장 중요한 요소이다. 호감 가는 표정 만들기, 올바른 인사와 자세, 신뢰감 가는 목소리 가지기 등 외적 이미지는 짧은 시간 안에 사람의 마음을 움직이는 데 필요한 것이다. 퍼스널 이미지 메이킹은 취업시장 및 서비스 직무에도 꼭 필요한 자질로 자리 잡으면서 고객만족경영 시대가 열린다. 2~4년 차 서비스 마인드 교육으로 나아간다.

고객 감동의 기술, CS(Customer Satisfaction), 고객과의 소통하는 스킬이 매출 증진에도 도움이 되기 때문이다. 그중에서도 전공과 관련된 병원경영에 관련한 의료서비스, 패션시장의 뷰티 서비스에 특화된 강사로 거듭난다. 고객 경험 분석 및 접점 분석을 통한 컴플레인 대처법, 행동 유형별 고객 응대, 의사 소통 능력에 대한 강의와 컨설팅은 나를 강사로서 자리매김하는데 매우 큰 영향을 주었다.

5~8년 차 정체성 확립하는 중급강사 시절은 그토록 바라던 '교수님'이 되었다. 비록 외래교수, 겸임교수지만 학생들이 교수님이라고 불러주면 나는 세상 누구보다 뿌듯하고 행복했다.

미래를 꿈꾸는 그들에게 나는 꿈을 이루어 가는 선배로서 길라잡

이가 되어주기로 한다. 대학 생활 잘하는 법, 전공 살려 빨리 취업하는 법, 성공적인 미래를 꿈꾸는 법에 대해 나의 열정 열 스푼 넣어 전달한다.

퍼스널 이미지메이킹에서 고객만족경영을 도입하여 취업을 잘하는 스킬을 전하는 강사로 거듭나면서 9년 차 시니어 강사가 되었다. 이제는 강사 선배로 강사의 꿈을 가진 후배 양성에 힘쓰기로 한다. '다움인재개발원'의 상호로 교육서비스업을 창업하여 교육프로그램을 기획하고 역량 있는 강사들을 발굴하여 니즈가 있는 업체와 매칭 해주는 경영인이 된다.

12년 차 브랜드 경영을 위해 취업뿐만 아니라 창업에 관한 교육을 기획하고 운영한다. 소상공인과 예비 창업자를 위한 실전 강의 및 컨설팅에 집중하는 시간을 가진다. 강사의 꿈을 꾸고 강사가 되었고, 강사가 되고 싶은 그들에게 꿈을 이룰 수 있는 사람과 공간을 나누고 싶다.

강사에서 경영인의 길을 선택한 18년 차 교육시장에서 살아남는 방법에 대해 많은 메시지를 전하고 싶다. 90년대생과 친구 하기, 여자 강사가 여자 사장이 되기까지, 강사할래? 사장할래? 갈림길에 선 후배들에게 생생한 후기를 전하는 내용을 앞으로 담은 책을 내고자 한다.

#3

강의 사례
마음을 나누는 강사

새내기 강사 시절은 현장 경험이 매우 중요하다. 내 멘토의 강의는 빠지지 않고 찾아다니며 메모하고 녹음하고 멘트 하나하나 복제하는 연습을 한다. 경력을 쌓으려면 교육 대상, 교육 장소를 따지는 건 사치다. 강의 섭외가 들어오는 것만으로도 행운으로 생각해야 한다.

노숙인들의 자립 활동을 돕는 종교단체 교육도 OK!
구치소 출소 예정자들의 사회 적응을 위한 취업 교육 OK!
기초생활보장수급자의 복지를 위한 기초교육도 OK!
장애인에게 성공적인 취업과 직업 적응을 지원하는 교육도 OK!

위 내용 강의의 교육생 공통점은 자의보다 타의에 의해서이며, 개인의 사적인 이익을 위해 어쩔 수 없이 들어야 하는 관문이므로 교육생들이 강사를 대하는 태도가 호의적일 수 없으며 매우 적대적이다.

"여러분. 웃으면 복이 와요. 웃어볼까요?"
"웃을 일이 없는데 어떻게 웃어요? 다른 사람 시키세요."
오늘 강의도 실패다.

"여러분~ 면접장에서는 인사 자세도 매우 중요한 요소로 표현된답니다. 정중례를 연습해 볼까요?"
"취업 안 할 겁니다. 쌀이나 어서 주이소."
오늘 강의도 실패다.

'여러분~ 발음이 부정확해도 됩니다. 조금 느려도 됩니다.' 비장애인보다 몸이 조금 불편할 뿐이지~ 사람을 대하는 마음가짐이 불편한 것은 아니잖아요~ 지금 보여주시는 따뜻한 미소라면 누구든 여러분을 불편해하지 않을 겁니다.

강의를 마치고 나서는 나를 부르는 소리에 뒤를 돌아보았다. 내 아버지 연세쯤 돼 보이는 장애인 어르신이 내 손을 잡으며 말했다. 50살이 넘어 우연한 사고로 장애를 얻었고 그전에 누렸던 상황만 그리며 살다가 이렇게 살면 안 되겠다고 마음먹고 용기 내어 온 자리에 강사님의 따뜻한 눈빛과 진심으로 응원하는 목소리에 정말 힘이 되었다며 눈시울을 붉히는 모습에 목이 메어왔다.

간신히 눈물을 머금고 올라탄 차 안에서 긴 여행을 떠나신 내 아버지가 떠올라서 아니 그 어르신에게서 내 아버지의 모습이 투영되어 한참을 운 기억이 있다.

그날 이후 난 조금 더 성장한 강사가 되었다. 나의 한마디와 나의 눈빛, 나의 숨소리 하나에 어렵게 시간내어 준 그 누군가에게 영향력을 준다는 것은 강사로서 정말 뿌듯하고 보람된 순간이 될 것이다.

#4

강사로서 좋은 점
시간적 여유! 경제적 자유!

나로 말하자면
성격은 명랑쾌활하며 감정 기복이 심하다.
성향은 외향적이며 즉흥적이다.
성질은 승부욕이 강하고 지구력이 약하다.

　나의 직업은 나를 그대로 닮았다.
강사라는 직업은 노력한 만큼 성과가 실시간 보여지며, 즐기는 자만이 오래 살아남을 수 있다고 감히 말하겠다.

　항상 낯선 장소에서 다양한 사람을 만나야 하고 새로운 주제를 다뤄야 하는 직업이 강사다. 그래서 나의 성격을 닮았다. 첫째 사람을 대하는 것이 두렵기보다 흥미로운 일이다. 활발한 성격으로 먼저 다가가 쉽게 친해지므로 그들과 감정적 소통이 자유롭다.

　둘째 새로운 환경에 쉽게 적응하며 늘 동일한 장소와 사람보다 새로운 환경은 나의 창의적인 아이디어 발상의 시작이다. 계획에 따른 생활보다 생각하지 못한 변수에 문제해결 능력을 해낼 때 난 나의 능력을 인정받고 있다고 느끼며, 보람을 느낀다.

셋째 승부욕이 강한 나는 누군가에게 지는 것을 싫어한다. 남들이 하는 건 다해야 직성이 풀린다. 그래서 도전하고 성취하는 욕구가 강해 어려운 상황에서 인정받을 때 나는 살아있음을 느낀다.

"강사님은 추진력이 장난 아닙니다. 그런 에너지는 어디서 나오는 거예요?" 늘 주변 강사님들이 나에게 물어온다. "새로운 일에 도전하고 상상하는 것이 전 너무 즐겁습니다". 라고 말하지만, 매번 과업 완수로 끝나기는 어려운 일이다. 하지만 나는 평소 '시크릿'을 믿는다. 과업완수가 어렵더라도 '할 수 있다', '잘 될것이다', '나는 나를 믿는다'를 외치며 오늘도 도전한다.

 나의 직업이 좋은 점을 말하자면 나는 이렇게 말한다.
어린 시절 학교를 마치고 돌아오면 아무도 없는 마당으로 들어가는 일이 너무 싫었다. 나는 아이를 낳으면 비 오는 날 우산을 들고 학교 앞에서 기다리며, 비 맞고 돌아온 아이를 위해 따뜻한 우유를 데워주리라 마음먹었다.

 내가 존경하는 스승님을 본보기로 삼을 때에도 시간을 자유롭게 활용하는 모습이 가장 영향력이 컸다. 지금도 여름방학이면 제주도 한 달 살이도 하고 내 아이와 함께하는 시간을 내가 스스로 정할 수 있다. 이것이 가장 큰 강사로서 장점이 아닐까 한다.

 1년 뒤 나의 목표는 캠핑카를 장만하는 것이다. 나는 강사로서, 교육업체 대표로서 다양한 행사를 운영하면서 전국 각지를 돌아다닌다. 아이들이 더 크기 전에 일을 핑계로 여행처럼 떠난 곳에서 가족의 소중함을 느끼고 소통할 수 있기를 바라기 때문이다.

 각 지역의 맛집 탐방과 계절의 변화를 느끼게 해주는 것 또한 강사엄마를 둔 아이들에게 해줄 수 있는 선물이라고 생각한다.

 또 하나의 장점을 더하자면, 나의 강의 주제는 이미지메이킹에서 시작한다. 이미지는 어떤 사람이나 사물로부터 받는 느낌으로서 외적, 내적 이미지로 나뉘며 외적 이미지로는 시각적으로 사람들이 평가하는 기준이다. 즉, 표정, 자세, 복장, 메이크업 등이며 내적 이미지로는 생각의 본질, 자아, 능력 등 사람과 사람 간의 소통하는 본질의 활용이라고 할 수 있다.

강사는 강의 주제에 따라 타당하고 신뢰성 있는 내용을 정의하고 교육생들이 체득할 수 있도록 영향력을 행사하는 사람이어야 한다. 그러므로 나는 매 순간 내가 하는 강의 내용에 '나는 적합한 사람인가!'를 생각하며 나의 이미지를 다시 한번 돌아보는 시간을 가진다.

리더십 강의 전에는 '나는 리더로서 자질이 있는가?'를 떠올리고 조직의 소통 강연 전에는 '우리 조직은 지금 잘 돌아가고 있는가?'를 생각하며 다시 내 위치를 정리하는 시간을 가지게 된다. 자아 성찰의 시간을 가질 수 있는 강사는 참으로 좋은 직업이다.
이 순간에도 나는 성장하고 있다고 말하겠다.

#5

가장 행복했던 시간과 힘들었던 시간
문제는 사투리가 아니다

강사라는 직업이 천직이라고 여기며 새내기 강사로서 열정을 다해 오던 시절 처음으로 위기의 순간이 찾아온다. 내가 본보기로 삼고 있는 스승님은 항상 프로그램을 운영한 이후 개인 피드백은 물론 동료 간에 발전적인 피드백을 주고받게 한다. 그럴 때마다 나에게 동료 강사들은 '원영쌤은 에너지는 좋은데 사투리가 너무 심해요! 억양이 너무 강하니까 신뢰감이 부족해요! 호흡이 부족해 전달력이 떨어져요!'라고 말한다.

초기에는 강한 자존감으로 '너희들이 뭘 알아? 난 잘하고 있어~ 오늘도 내 강의가 가장 완벽했다고~!' 스스로를 위로했다. 하지만 본보기라는 핑계로 스승님의 강의 내용을 복제하며 알맹이 없는 주제를 앵무새처럼 쏟아내고 강의장을 나오는 나 자신이 어느 순간 매우 한심스러워 보였다.

경험에서 우러나온 내 이야기를 하는 것이 맞다고 생각하는 순간 강의장에 걸어 들어가기가 힘이 들었고 슬럼프라는 핑계를 찾게 된다. 나는 사투리도 심하고 복식호흡도 부족하니 강사보다는 새로운 길을 찾는 것이 낫다고 자책하며, 스스로를 객관적으로 돌아보는 시간을 가지기 위해 서울행 KTX에 올라탔다.

그 당시에 서울에는 '러너 코리아'라는 교육단체에서 명강사를 섭외하여 트렌디한 교육을 강연하는 행사를 하고 있었다. 그날 만난 4명의 강사 메시지가 나를 다시 강사의 길을 갈 수 있게 하는 원동력이 되었다.

그 강사들은 전라도, 경상도, 제주도, 강원도가 고향이며 사투리를 자유자재로 구사했다. 그렇다! 나는 사투리가 문제가 아니었다. 스스로 이겨낼 수 있는 내공이 부족했고 나 자신을 믿지 못하고 있었다.

지금까지 열정을 다해 살아온 나의 이야기를 진솔하게 정말 필요로 하는 그들에게 쉽고 재미있게 전하는 강사가 되어야겠다고 마음먹었다. 그곳이 취업을 원하는 후배들! 초보 강사가 되려는 사람들이라 생각하며 본보기가 될 수 있도록 항상 노력하는 자세가 필요하겠다.

#6

내가 배운 인생의 교훈들
나는 성장을 돕는 프로강사

강사할래? 사장할래?

'나는 18년차 강사이다'가 아니라 18년을 강사와 함께 업을 이어가는 10년을 강사로 8년을 교육업계의 대표로 자리매김하고 있다. 10년의 강사 시절 '월천강사'로 강의 꽤나 잘한다는 소리도 들었고 그 인연이 지금까지 내가 교육업계 대표로 자리 할 수 있도록 버팀목이 되어주고 있다.

강사의 길을 걷다 보면 강사로서 기획과 교육에만 집중할 것인지 운영사 대표가 되어 행사를 직접 대행할 것인지의 갈림길에 놓이게 된다.

현재는 새로운 교육프로그램을 개발하여 역량을 키워 강의만 하는 강사! 강의와 운영을 함께하는 강사! 나처럼 훌륭한 강의력을 가진 분을 섭외하여 교육 행사를 전체 운영하는 대표강사로 나뉘어 진다. 현실적으로 강사가 운영까지 함께 진행하기는 매우 쉬운 일이 아니다.

내가 세 번 째 역할을 선택한 가장 큰 이유는 첫 번째 시간을 자유롭게 활용할 수 있고, 두 번째 1인기업은 창출할 수 있는 수익구조가 한계가 있다고 생각했다.
내 아이와 여행을 하면서 수익을 창출할 수 있는 구조를 만들어야겠다는 생각에서 1인 강사가 아닌 강의를 하는 강사들을 운영하는 기획사가 되는 길을 택한 것이다.

어느 것도 답은 없다. 하지만 나는 강의를 준비하는 시간보다 새로운 고객사를 발굴하여 역량있는 강사들에게 다양한 무대를 만들어 주는 일이 더 보람된다.

기획사 대표로 10년 차에는 또 지금까지 운영한 나만의 노하우를 소재로 강연을 준비해 볼 생각이다. 매개체 역할을 하는 것이 이 책이 될 것이라고 생각한다.

나에게 강사란?

강사는 살아있는 선물이다

5장

박채은

입으로 먹고 살아요

▌작가 소개

- 채은의 기분좋은 스피치 대표
- 프리랜서 아나운서
- IR 컨설턴트

▌연락처

- 이메일 : leadspeech@naver.com
- 블로그 : https://blog.naver.com/leadspeech
- 네이버검색: 박채은의 기분 좋은 스피치

#1

첫 강의, 식지 않는 열정
함께 만들어 가는 강의

　나의 첫 강의, 가끔 떠올리면 열정이 다시 피어나기 시작한다. 아직도 기억에 선하다. 첫 강의를 앞두고 잠을 이루지 못하며 강의안을 보고 또 보고 뜬 눈으로 밤을 지새웠던 기억이 아직도 선명히 남아있다. 강의안을 만들기 전, 꽤 철저히 분석하는 편이었다. 청중이 무엇을 궁금해할까? 이 강의를 통해 얻어가는 것은 무엇일까? 강의가 끝났을 때 반응과 피드백은? 강의 내용을 줄이고 줄여 딱 한

단어로만 남긴다면 무엇이 될까?
담당자와 수강생의 요구는 일치할까?
활동을 조금 더 넣는다면 주제와 더 연결이 잘 될까?

밤이 늦도록 노트북 앞에서 고민하고 또 고민했다. 일방적으로 전달하는 강의는 하고 싶지 않았다. 듣는 사람의 관점에서 마음을 울리는 메시지, 그게 진짜 강의라고 생각했다. 책상 위에 쌓여 있던 참고 자료를 이리저리 뒤적이고, 노트북에 수없이 아이디어를 적어보고 지우기를 반복했다.

강의안의 한 페이지를 작성할 때도, 말의 흐름 하나하나가 자연스럽게 이어질 수 있도록 설계하고 싶었다. 방송해서일까? 연결 작용을 하는 브릿지 멘트에 신경을 많이 썼다. 혹시나 청중이 지루해지지는 않을까, 발표 중에 예상치 못한 질문이 나오면 어떻게 대처할까, 시뮬레이션을 돌려보며 혼자서 녹음을 해보며 리허설을 했다. 그리고 드디어 그날이 찾아왔다.

첫 강의의 순간, 마이크를 쥐는 손이 살짝 떨렸다. 방송을 오래 했지만, 또 강의와는 전혀 달랐다. 정해진 대본을 전달하는 것이 아니라 내 생각과 지식을 전달하는 자리 아닌가? 하지만 설렘이 더 컸다. 내가 준비해 온 모든 것을 나누겠다는 자신감, 그리고 잘하고 싶다는 간절함이 내 안에서 꿈틀거리기 시작했다.

눈앞에 앉아 있는 청중 한 사람 한 사람의 표정이 보였다. 고개를 끄덕이는 사람, 메모를 하는 사람, 약간은 긴장한 표정으로 바라보는 사람. 그 모든 시선과 호흡을 느끼며, 나는 입을 떼기 시작했다. 머릿속에서는 '잘 전달되고 있을까?' 하는 물음이 스쳤지만, 청중의 반응을 보며 점점 확신이 생겼다. 준비해 온 사례와 질문을 던졌을 때, 생각보다 적극적으로 대답하며 반응해 주는 모습에 점점 강의에 몰입해 나갔다.

그때 느꼈다. 강의는 나 혼자 완성하는 것이 아니라, 청중과 함께 만들어간다는 것을. "오늘 강의 듣고 나니까 저도 강사님처럼 강의하고 싶어요." 스피치 강의를 들은 20대 학생이 와서 말을 건넸다. 그 한마디가, 앞으로도 강의를 계속하고 싶은 이유가 되었다. 내가 누군가의 멘토가 될 수도 있구나. 첫 강의 성공적인가 보다.

생각해 보면, 내 첫 강의의 핵심 한 글자는 '함께'였던 것 같다. 청중과 함께 호흡하고, 함께 고민하며, 함께 성장해 나가는 그 경험이 나를 지금까지도 강단에 서게 만든다. 그리고 가끔, 다시 그날의 강의장을 떠올린다. 설렘과 긴장, 그리고 작은 떨림까지도. 그 기억은 언제나 나를 다시 뜨겁게 달궈주는 촉매제가 된다.

#2

그 자리에 계셔 주셔서 감사합니다
스무 해, 변치 않는 존재

방송 준비생 시절의 은사님을 보러 가는 길은 20년만인데도 이상하게도 낯설지 않았다. 차창 밖으로는 초여름 햇살이 흐르고 있었고, 나는 무심히 햇살을 따라 운전하며 지난 시간을 곱씹고 있었다. 방송을 준비하며 나의 모습, 방송국 면접, 재잘재잘 함께 연습하던 동기들 하나씩 추억이 떠올랐다. 선생님이 나를 기억하실까? 20년 만에 변한 나의 모습을 어떻게 보실까?

설레는 마음으로 스피치 아카데미의 문을 열었다.

"어머, 선생님… 정말 오랜만이에요."
"그래, 잘 지냈니? 어머나, 넌 더 예뻐졌다."
"아니에요, 선생님이야말로… 어떻게 하나도 안 변하셨어요? 너무 놀랐어요. 20년 전 얼굴 그대로여요. 보는 순간 저 예전 그때로 돌아간 느낌이었어요."
"무슨 소리야? 그때는 내가 더 미인이었지."
"그건 맞아요."

20년 만에 뵌 은사님은 정말이지, 기억 속 그 시절의 모습 그대로였다. 사과처럼 맑고 환한 얼굴, 말끝마다 여성스러운 조용한 미소까지도.

"선생님, 감사하게도 저 그때 배운 스피치로 아직도 먹고 살아요."
"어머, 내가 다 고맙다. 이렇게 왕성하게 활동을 해주고 있다니 말이야."
"정말이에요. 아직 배운 거 그대로 적용하며 제가 스피치를 가르치는걸요. 그리고 20년이 지났는데도 그때 그 모습 그대로 여전히 계셔주셔서 감사해요."

"그게 뭐 고마울 일이니. 너처럼 이렇게 찾아와주는 게 더 고맙지."

순간 울컥했다. 오랜 시간, 같은 자리에서 변함없이 학생들을 아직도 가르친다는 사실이 왜 이렇게 가슴을 찡하게 만드는 걸까.

"너 보니, 나도 40대 때가 생각난다. 그때 정말 열심히 살았거든. 그런데 50대는 더 열심히 살았어. 50대를 잘 살아야 좋은 60대를 맞이할 수 있거든."

한참 내 눈을 따뜻하게 바라보시는 선생님께서 말씀하셨다.

"정말요? 지금 저는 육아도 병행하느라 체력이 안 되는데, 언제까지 이 일을 할 수 있을까? 늘 생각했는데, 선생님 말씀 들으니까, 힘이 나네요. 저 접을 때가 아니라 더 활발히 활동해야겠는걸.?"

문득, 생각했다.

'나도… 선생님처럼 살아야겠다. 미모도 변치 않고 싶다.'

20년이 지나 지금의 선생님처럼 현역으로 예전 모습 그대로 학생들을 가르치며 열정적인 에너지를 낸다면 그 얼마나 행복한 일인가. 누군가가 나를 다시 떠올렸을 때

"어쩜 그대로세요. 덕분에 용기가 생겼어요. 열심히 살아야겠어요."

라는 말을 들을 수 있도록, 지금보다 조금 더 단단하게 열심히 살아가야겠다고.

"선생님, 늘 건강하세요. 또 뵈러 올게요."
"그래, 자주 놀러 와."
"네. 그때도 이 모습 그대로 계셔주세요."
"그래. 노력해 볼게."

잠시 얼굴을 뵈러 갔을 뿐인데 인생의 방향성과 에너지, 용기를 얻은 느낌이었다.
유난히 맑고 포근한 초여름 날씨처럼 뭐든지 새롭게 시작할 수 있을 것만 같았다.

#3

말은 곧 사람이다
일에 대한 진심

"박채은 아나운서는 일할 때 정말 진심이네요."

처음 이야기를 들었을 때, '그런가? 당연한 거 아닌가?' 사실 한 번도 생각 자체를 해보지 않았다. 그러고 보니 초보 강사 시절에도 들어본 말이었다.

'넌 교육생 질문에 항상 진심으로 대답해 주네.' 라는 선배 강사의 말이 문득 떠올랐다. 이 말은 나의 일에 대한 태도를 한 번 더 생각하게 했다. 진심, 일에 대한 진심, 그게 뭘까? 과연 그들은 나의 어떤 모습을 보고 말하는 걸까?

뻔한 이야기같지만, 행사를 할 때는 오늘의 행사가 성공적으로 마무리되었으면 좋겠다는 마음으로 임한다. 단순히 스크립트만 읽는 것이 아니라, 이 행사를 하나 맡기 위해 노력한 용역사, 이른 새벽부터 세팅해 놓은 스텝, 소중한 시간을 내서 와준 참석자들을 생각하면 말 한마디, 단어 하나에도 신중해진다.

대본에 쓰인 기본적인 멘트 외에, 행사 개요나 목적에 대해 읽고 숙지하고, 눈을 감고 머릿속에 행사의 순서를 그리며 동선 체크와 분위기를 예상한다. 그 속에서 불현듯 좋은 아이디어나 마음을 움직일 수 있는 따뜻한 스크립트가 툭 튀어나오기도 한다.

말 한마디로 참석자의 행동 변화를 일으킨다면 그건 어떤 말일까? 단체 사진이 신문에 실릴 텐데, 어떻게 말하면 더 정돈되고 예쁜 모습으로 촬영할 수 있을까?

그러면 이 마음은 고스란히 그날의 행사에 담긴다. 나의 진심이 마이크를 통해 울려 퍼지기 시작한다. 누군가는 알아차리지 못할 수도 있고, 누군가에게는 흘러가는 배경음악처럼 대단하지 않을 수 있지만 나는 오늘도 말로 진심을 전한다.

#4

위기의 무대, 나를 다시 세우다
프리랜서 강사의 살아남기 전략

코로나19는 프리랜서 강사들에게는 치명적이었다. 처음 겪는 초유의 사태로 모두 당황했다. 사람이 모여 이루어지는 교육과 강의 현장도 당황스럽긴 마찬가지였다. 위기는 기회라고 하지 않았던가? 여기서 살아남는 방법은 뭐가 있을까? 사람이 모이지 않으면서 나의 재능을 발휘할 수 있는 것, 찾아야만 했다.

비대면으로 할 수 있는 일, 바로 실시간 판매방송인 라이브 커머스방송이었다. 당시 플랫폼들은 시대의 흐름에 맞춰 비대면 실시간 쇼핑 방송을 하기 시작했다. 때마침, 코로나19로 어려움을 겪는 소상공인을 위해 센터나 협회는 라이브커머스방송 교육을 기획했다. 이에 라이브커머스방송 경험과 강의를 접목해서 커리큘럼을 빠르게 구성해서 시장에 진입했다.

부산과 경남, 경북을 넘나들며 라이브커머스 강의에서 판로 개척을 하는 수많은 소상공인분들을 뵈었다. 힘겹게 만든 상품, 가족의 생계가 걸린 작은 사업, 그리고 코로나로 인한 매출 감소 등 그들의 이야기 하나하나 들으며, 내 강의가 단순한 기술 전달이 아니라 삶을 잇는 다리가 되어야 한다는 책임감을 느끼며 강의했다. 다양한 상품만큼 각자의 이야기와 콘셉트을 방송에 녹여내는 그들의 모습을 보면 나도 모르게 기분이 좋아졌.

"이번 달 매출 15% 올랐어요."
"지난주 배운 걸 바탕으로 방송 계속 시도하고 있어요. 너무 재밌어요."
라며 자신의 먹거리, 액세사리 등 상품을 나눠주시며 고마움을 표한다. 이 한 마디가 내게는 보상 마냥 참 소중한다.

조금이라도 도움이 될 수 있어서 다행이다. 잔인한 코로나19였지만, 그 시간을 통해 나도 성장할 수 있었다. 대면 강의가 멈추자, 카메라를 통해 사람들과 다시 연결되었고, 새로운 방식으로 마음을 나누며 또 다른 무대를 만들어갔다.

위기의 시간을 함께 건너온 우리는 모두, 이전보다 더 단단해졌다. 그리고 나 역시 강사로서, 한 사람의 동료로서, 또 한 명의 엄마로서, 인생에서 마주칠 변화에도 흔들리지 않을 힘을 배우게 되었다.

언제 또 어떤 위기가 찾아올지 모르지만, 이제는 안다.
그때 또 내 안의 가능성을 꺼내야만 한다는 것을,
그리고 그 가능성이 누군가에게, 아니 서로의 성장에 도움이 될 거란 걸 확신한다.

#5

커리어, 공존의 기록
걱정 마, 내가 섭외 해 줄게

"임신해서 일 없으면 내가 섭외해줄게."

누구에게나 기억에 선명히 남는 순간이 있다. 대부분 고맙거나, 힘들거나, 인생의 방향을 살짝 틀어놓았거나. 내게도 지워지지 않는 또렷한 장면이 있다. 결혼 이후, 방송국을 그만두고 본격적으로 강사 활동을 시작했다. 다행히 출발과 동시에 스케줄이 꽤 많았다. 강의는 점점 무르익었고, 일이 재미있어지던 시점이었다. 하지만 결혼 한

30대 초반 여성이라면, 누구나 임신과 출산이라는 인생의 자연스러운 흐름을 외면하긴 어렵다.

그 당시 나는 '임신을 하면 일이 다 끊기고, 활동을 접어야 하고, 커리어가 멈춘다'라고 믿었다.
'이제 막 시작했는데, 여기저기서 섭외도 들어오는데… 지금 임신해도 될까? 조금만 더 시스템을 갖춘 다음에 해야 하나? 아니면 빨리 출산을 마치고 계속 일할까?'
아마 이 글을 읽는 독자 중, 임신과 출산을 경험하지 않은 누군가는 이 고민에 더 크게 공감할지도 모르겠다. 머릿속은 그야말로 복잡했다.

어느 날, 창원문성대학교에서 강의를 마친 후, 선배 강사님이자 교육업체 대표님과 함께 저녁을 먹고 있었다. 국밥 한 그릇 앞에 두고, 조심스럽게 물어보았다.
"선배님, 저… 혹시 임신하고 출산하면, 지금 일들 다 끊기겠죠?"
그러자 선배님이 시래깃국 밥을 한 숟갈 떠 넣으시곤, 아주 멋지면서도 담백하게 말씀하셨다.
"에이~ 나도 출산 전엔 그럴 줄 알았는데, 전혀 아니야. 임신해서도 강의 잘했어."
"아… 그래요?"
"그럼~ 그런 걱정 말고, 박채은 임신해도 내가 불러줄게."
그 순간이 아직도 잊히지 않는다.
서로 안 지 3개월밖에 되지 않았던 사이였지만, 어찌나 든든하던

지. 그 순간, 반했다. 참 멋있다고 생각을 했다. 선배 강사며 엄마이며 대표인 그분의 한마디는 내게 큰 용기와 안도감을 안겨주었다.

'그래, 임신 괜찮을 수도 있겠구나.'

그렇게 단순한 나는, 아주 쉽게 안심하고 말았다.

이 글을 읽는 독자들에게도 자신 있게 말할 수 있다 임신 이후, 이전처럼 아니 더 활발하게 일했고 출산 이후에도 커리어는 끊기지 않는다. 본인의 의지가 확고하다면. 그러니 걱정마라. 이 글이 나의 선배처럼 든든함을 줄 수 있을지 모르겠지만. 이 글을 읽는 독자들에게도 자신 있게 말할 수 있다. 임신 이후에도, 출산 이후에도 커리어는 끊기지 않는다. 실제로 임신 중에도 계속 강의를 했고, 출산 후에도 이전보다 더 활발하게 방송, 강의 등 다양한 활동을 하고 있다. 물론 변화는 있다. 이전과 똑같은 방식은 아닐지 몰라도, 일과 삶을 이어가고 싶은 의지가 확고하다면 그 길은 분명히 열려 있다.

그러니 너무 걱정하지 말자.

이 글이, 그날 내게 따뜻한 시락국밥 한 술과 함께 건넨 선배의 말처럼, 누군가에게 작은 든든함이 되었으면 좋겠다.

내가 그 말을 듣고 위로받았던 것처럼, 지금 이 문장을 읽는 당신도 "아? 괜찮을 수 있겠구나. 너무 미리 걱정말자. 내게는 응원해주는 사람이 있어."라고 느꼈으면 한다.

그러면 그걸로 충분하다.

#6

멈춘 듯 보이지만 흐르고 있다.
일하지 않는 시간의 힘

"이제, 2월이네. 비수기 접어들었다."

강의와 교육이 없는 비시즌인 것이다. 강사들이 싫어하는 월이 있다. 교육이 없는, 비시즌인 것이다. 실제로도 2월이 되면 일이 많이 줄기는 한다. 가끔 전년도의 성과공유회나 마무리 같은 행사에서 아나운서로서 진행만이 남아 있고, 강사로서의 교육은 거의 없다. 이럴 때, 겨울 잠을 자는 것처럼 강사들은 저마다의 방식으로 비축한다.

그 동안 소실했던 체력을 회복하기도 하고, 가족들과 시간을 더 보내기도 하고 미뤘던 여행을 가기도 하고 골프, 필라테스, 발레, 보컬 등 자신만의 취미를 가져보기도 하면서 휴식기에 들어간다.

15년 넘게 프리랜서를 하면서 비시즌이면 나는 항상 여행을 간다. 코로나시기를 제외하고는 해외로 여행을 떠나며 나의 삶도 환기를 시키곤 했다. 일상이 아닌 낯선 곳에 가서 잠시라도 살아보며 일상으로부터 완전히 벗어난다. 아기가 태어난 이후는 주로 동남아 휴양지에서 수영하며 휴식을 취하는 것이 대부분이지만, 아이가 없을 땐 남편과 꽤나 돌아다녔다.

그렇게 여행을 다녀오면, 꼭 새로운 나로 돌아온 기분이다 머릿속에 잔뜩 차 있던 강의안, 콘텐츠, 클라이언트, 일정표들이 잠시 하얗게 지워지고, 그 위로 낯선 도시의 냄새, 하늘, 바다, 음식 그리고 여유로운 나의 걸음이 스며든다.

비수기는 일하지 않는 시간이 아니라 일을 잘하기 위해 비워두는 시간이다. 프리랜서라는 이름 아래 언제든 일할 수 있다는 자유로움은, 언제나 스스로를 잘 관리하고 있어야 한다는 압박과도 맞닿아 있기 때문이다. 그러니 이 '비워짐'은 단순한 쉼을 넘어, 꼭 필요한 의식 같은 것이다. 몸도 마음도 리셋하고, 새로운 시즌을 준비하는 조용한 의식.

그렇게 여행을 다녀오면, 꼭 리스트를 만든다. 다음 시즌에 새로 도입하고 싶은 강의 콘텐츠, 한 번쯤 도전해보고 싶은 강의 주제, 브랜딩을 새로 다듬기 위한 키워드들. 이 리스트들은 내가 다시 출발선에 설 수 있게 만들어준다. 쉼이 있기에 다시 뛸 수 있고, 멈췄기에 방향을 다시 잡을 수 있다.

2월.

잠시 나의 세상은 멈추어 느리게 움직이는 것 같지만, 이 속도에 맞춰 숨을 고른다. 그래야 다시 숨 가쁜 시즌을 맞이할 수 있으니까.

그래서 나는, 오늘도 아주 천천히 걸어볼 생각이다.
카페에서 노트북을 펴지 않은 채.
이 쉼의 시간을 소중히 아껴두며, 다음 나를 위한 준비를 한다.

쉴 때는 푹 쉬자.

위 삽화는 저자의 개인 소장 사진을 참고하여,
OpenAI의 ChatGPT(DALL·E) 기반 AI 이미지 생성 기술을
활용해 제작되었습니다.
삽화의 저작권 및 초상권 침해 요소없이 창작되었으며,
원본 사진의 권리는 저자가 보유하고 있습니다.

나에게 강사란?

강사는 배워서 남 주는 삶의 마중물이다

6장

최영숙

프로 시니어 강사를 꿈꾸는 그대에게

▌ 작가 소개

- ☑ 움지기어르신학교 교장
- ☑ 교육학박사수료(사회교육학)
- ☑ (재)경남여성가족재단 이사
- ☑ (재)사천시인재육성장학회 이사
- ☑ 민주평화통일자문회의 사천시협의회 간사
- ☑ 위더스평생교육원 운영교수
- ☑ 창원대학교 보육교사교육원 겸임교수
- ☑ 친주, 사천 노인대학 강사

▌ 연락처

- ☑ 이메일 : ilbo25@hanmail.net
- ☑ 블로그 : https://blog.naver.com/ilbo25
- ☑ 네이버검색: 최영숙 강사 / 닉네임 움지기

#1

강의 계기
요람에서 무덤까지

오늘따라 화사한 꽃무늬 옷을 입은 김춘자 어르신, 몸이 불편한 순규 어르신이 밝게 웃으며 들어온다. 요양사 선생님들은 누구랄 것도

없이 빠른 걸음으로 어르신들 겨드랑이를 내 것인양 끼며 어젯밤의 안부와 웃음으로 어르신을 맞이한다.
"선생님 나는 다른건 모리것고 딱 원장님만 믿고 어머니 맡깁니더"
 이 말은 언제나 내 가슴에 깊이 새겨져 있다. 경남 사천의 작은 동네에서 어르신 학교를 운영하게 될 줄은, 나조차도 몰랐다. 보육교사와 어린이집 원장으로 30년 가까운 삶을 살아오던 나에게 어느 봄날, 예기치 못한 방향으로 내 삶은 흘러가기 시작했다.

 처음부터 어르신 학교를 하려고 한 것은 아니다. 대부분 어르신학교는 사회복지시설을 변경하여 시작하는 경우가 많다. 하지만, 내 경우, 매우 개인적인 사건으로 어르신학교를 덜컥 시작하게 되었다.

 2022년 벚꽃이 아름답게 흩날리는 봄, 친정엄마는 꽃피는 봄을 느낄 수 없었다. 밖을 나가지 않고, 집안에 있어도 불을 켜지 않았으며 하루종일 멍한 표정의 엄마를 보면 도저히 나의 상식으론 엄마의 행동이 이해가 가지 않았다. 고왔던 엄마의 치매는 그렇게 시작되었다. 어린이집 일과 사회 활동으로 바쁜 나는 입으로만 걱정을 할 뿐 정말 그때 뿐이였다. 언제나 K장녀인 언니와 동생이 발동동 거리며 엄마를 케어 했다. 지금 생각해 봐도 너무 부끄럽고 미안하다.

 "언니 놀라지마. 엄마 중증치매래."
 청천병력과도 같은 말이었다. 여동생의 목소리는 떨리고 있었고, 나는 믿을 수 없었다. 평생 건강하게 소녀처럼 사셨던 엄마가, 하루아침에 중증치매라니. 자식이 넷이나 되는데, 왜 아무도 몰랐을까. 죄

송한 마음이 밀려왔다.

'괜찮겠지, 나이 탓이겠지'라고 넘겼던 순간들이 부끄럽고 미안했다. 치매는 경증치매에서 단계별로 진행되는 걸로 아는데, 중증치매라니. 자식이 4명이나 있어도 엄마의 병이 중증이 될 때까지 몰랐다니. 너무 마음이 아팠다. 죄송한 마음이 울었다.

엄마는 괜찮은 줄 알았다. 평생 엄마는 아프지 않는 줄 알았다. 항상 웃는 엄마라, 항상 활기찬 엄마라 누구보다 긍정적인 엄마라 우리 엄마는 늘 이상없다고 생각했다. 아니, 생각조차 하지 않았다. 엄마의 중증치매 판정은 우리 가족에게 큰 충격이었다.

116명의 아이들이 뛰어놀던 어린이집의 원아들이 감소 하고 앞으로의 내 앞길에 안개가 낀 그 어느날 나는 결심했다. 엄마를 내가 책임져야겠다고. 원을 정리하면 나만의 시간으로 엄마와 함께 할 시간을 만들고 동생에게 무조건 미루었던 일들을 하나씩 내가 해 보자고 마음먹었다.

생각과 현실은 너무 달랐다. 혼자서 엄마와 어떤 시간을 보내는 것은 100명이 넘는 아이들과 함께 시간을 보내는 것보다 훨씬 어려웠고 생각처럼 어린이집 건물이 임대가 나가지도 팔리지도 않았다. 혼자서 엄마를 책임지는게 두려웠던 나에게 선택의 여지가 없었다.
30년 가까운 시간을 해오던 일이기에 손에 익었고, 부모님들 신뢰도 두터웠다. 그만 두기 아쉬웠다. 하지만 마음은 이미 결정되어 있었다. 엄마와 더 많은 시간을 보내기로. 엄마 한 분을 잘 돌보겠다는 마음이, '어르신 학교'를 열게 한 계기였다.

 제일 먼저 어린이집 폐원을 준비했다. 가정통신문을 보내고 보육교직원들에 폐원 준비를 알렸다. 내 삶의 그 어느 순간보다 힘든 일이였다

"원장님~ 우리 두 아이 믿고 맡길 수 있어 제가 일하는데 제발 우리 아이들 졸업할 때까지만 해주세요"
"안됩니더 원장님~ 우리 이는 서희는 우짜끼고예.
내는 모리겠다예. 원장님이 책임지이소"
 많은 원망을 감수하며 어린이집을 정리하였다.

 원을 운영하면서 내가 이렇게 훌륭한 원장이라는걸 폐원을 알리면서 뼈저리게 느끼게 된 날들이였다. 부모님들은 원을 문닫으면 안된다고 연일 나를 교사를 붙들고 이야기하기 시작했고 졸업한 학부모님들도 아이들의 추억이라 아쉬워했다. 내 엄마를 생각하고 결단을 내렸다. 막상 폐원을 하고 엄마와의 시간을 많이 가지고자 했으나 생각처럼 되지 않았다. 엄마는 정말 어려웠다. 본격적으로 공사업체를 선정하고 어린이집 내부를 허물고 생각하고 또 생각한 내부를 하나씩 만들어가게 되었다.

 어린이집을 지어 봤다고는 하지만 철없을 그때와는 다르게 생각하고 또 생각하고 지었다 부수고 부수었다가 다시 짓고 여기가 개수대였다가 다시 그곳이 화장실이였다가 여러 가지 시행착오를 거치며 2

년에 거친 내부공사를 마무리했다.

　드디어 2024년 7월1일 미리 공부하게 한 기존의 보육교사가 요양보호사가 되고 간호사가 되고 전문적인 사회복지사, 조리사 인력을 구하고, 모든 준비 과정이 녹록지 않았다.

　나랑 20년 세월을 함께한 보육교사 장선생님은 요양보호사가 되셨고 영원한 영아반 엄마 선생님이시던 이선생님은 우리 학교 건강을 책임지는 간호사 선생님이 되셨다. 어린이집에서는 한마디 말하지 않아도 눈치로 경력으로 내 맘을 다 알아채던 선생님들이 어르신학교에서는 내 눈치 보기 바빴다. 이게 맞는 걸까? 이것이 맞는 걸까?

"숙아 왔나."
엄마가 반갑게 맞는다. 내 어머니 한분을 혼자 모시는거 너무 힘들었지만 다른 교사들과 함께라면 자신 있었다. 모두 함께... 이런 생각이 지금의 움지기어르신학교를 설립하게 된 계기였다.

　처음엔 몇 분 안 되던 어르신이 지금은 오십명이 다 되었다. 매일 환하게 웃으며 등교하시는 어르신들을 보면, '이 길이 맞구나' 싶은 확신이 든다.
　예전 어린이집 할 때 학부모들이 이번에는 자신의 부모님을 한분씩 모셔오기 시작했다. 내 아이를 잘 돌봐주신 원장님에 대한 신뢰가 내 부모를 잘 모시는 교장선생님으로 인식하였다. 기대하지 않았던 일이 일어났다. 사람에 대한 신뢰, 진실된 마음이 통한 것이다.

요람에서 무덤까지. 인생 전반에 걸친 교육이라는 말이 이제는 실감난다. 요람의 아이들을 진심으로 잘 교육했을 뿐인데, 나이 드신 어르신을 모시는 기관으로 성장하였다.

교육은 어린이만의 특권이 아니다.
나의 강의 계기는 결코 거창하지 않다. 사랑하는 엄마 한 분을 위해 시작한 일이, 이제는 수많은 어르신의 배움이 되고, 나의 새로운 사명이 되었다.

#2

나의 일대기
결핍은 가장 큰 선물이다

결핍은 가장 큰 선물이다. 나는 4남매 중 셋째로 태어났다. 자식 많은 집안에서 낀순이인 나는 어릴 때부터 자연스레 책임을 배웠다. 성장기 내내 나는 어떤 문제든 먼저 감싸 안고 스스로 해결해야 했다. 그렇게 강해졌고, 때론 강한 척을 했다.

우리 집은 부유하지 않았지만, 아버지의 자상한 성격과 공주 같은 어머니 밑에서 근심 걱정 없는 다정다감한 가족의 테두리에서 그에 맞게 긍정적인 자아를 형성하며 씩씩하게 성장했다.

중학교 3학년, 누구도 시키거나 강요하지는 않았지만 나는 상업계 고등학교로 진학했다. 내가 대학 갈 시기에 오빠도 언니도 대학생일 것을 계산해 볼 때 나는 돈을 벌어야 겠다는 마음에 가고 싶은 인문계 고등학교를 스스로 포기했다.

교복도 물려 입고, 도시락도 간단하게 싸가며 학교를 다녔다. '나는 왜 이렇게 태어났을까'라는 생각도 했지만, 야무진 낀순이는 집안의 분위기를 주도하는 웃고 떠드는 시간은 형제가 많아 내 것이 없는 결핍마저 덮어주는 따뜻한 위안의 시간이였다.

고등학교 생활은 생각만 해도 웃음이 묻어나는 꿈도 많고 생각도 많았던 행복한 고등학교를 졸업하고 꿈에 그리던 직장생활을 하게 되었다. ㈜부산교통 서기 직장인이 되어 월급을 받는다는 건 말 그대로 행복 그 자체였다.

돈을 번다는 생각만으로 일 자체가 즐거울 거라고 생각했지만 그건 나만의 착각이였다. 업무의 특성상 차량버스 기사아저씨들과의 관계 생각보다 너무 어려웠다. 나에게 직접하지 않는 동료들간의 비속어까지도 듣는 나를 힘들게 했다. 그리고 담배 심부름도 너무 싫었다.
하얀 도화지 같은 아이들과 함께 하고 싶은 나는 새로운 공부를 시작하기로 했다. 꿈에도 그리던 유치원교사가 되기로 마음 먹었다.

나의 교사생활의 시작은 나에게는 너무도 행복한 시간이였지만 되돌아 보면 과연 나에게 맡겨진 아이들도 똑같은 마음이였을까 하는 의구심이 생긴다. 아이들에게 나는 좋은 선생님이기도 했겠지만 무서운 선생님이였다.

지금 아동학대를 대입해 보면 모든 게 아동학대라고 해도 자연스러울 정도로 아이들에게 함부로 하고 내 기분대로 하고 그러면서 아이들을 사랑해서 그렇게 한 걸로 보기좋게 포장하면서 아이들과 함께 했다.

1999년 5월 나는 한번도 나의 반쪽이 될거라고 생각하지 않았던 오랜친 구와 결혼을 했다. 의리이기도 하고 결혼 할 시기 그 어떤 사람도 이 남자처럼 나에게 맞추기는 힘들 것 같아 편안한 삶을 선택한 것이였다.

언제나 든든한 후원자였고 나를 믿어주고 아껴주는 지지자였다. 모든 말과 행동들 모두가 나를 위한 것이였고 나의 맞춤이였다. 언제나 자기가 최고인 듯 자기 마음대로 살아온 엄마마저 그 남자는 인증이였다. 물론 결혼 승낙 받을때는 무척이나 힘들었지만 말이다.

내가 경험한 교사 생활로 어린이집 원장으로의 경력이 나를 처음 강단으로 세웠다. 처음 교단에 설때의 그 떨림이란건 정말 어떤 글로도 형용하기가 힘들다. 몇날 며칠을 강의 자료를 준비하고 또 준비하고 챙기고 다듬고 경상대학교 보육교사 교육원 학생들의 눈빛을 잊을 수가 없다. 처음 강의를 시작하고 15년이 지난 지금도 그날의 기억은 잊을 수가 없다.

조그마한 학원을 인수하여 운영하다가 2001년 1월 드디어 움지기어린이집을 개원하게 되었다. 막상 원을 인수하였으나 권리금을 주고 남아있던 아이들이나 물품은 제대로 남아 있지 않았다. 그래도 좋았다 나라에서 지급하는 저소득 아이들 교육비는 교육비에 목마른 나에게 아주 아름다운 단비였다.

우리나라는 너무 좋은 나라였다. 승승장구하는 나에게도 엄마가 처음인 나에게 큰 딸인 인영이는 정말 숙제 같은 아이였다. 남편의 많은 도움에도 주변의 친구들의 열렬한 지지에도 양가 어머님들의 희생에도 나는 내내 인영이에게 미안한 죄책감을 떨치기가 힘들었다.

인영이 생일날 원에서 음료캔을 들고 아장아장 걷다가 넘어졌다. 콧등 위가 캔테두리에 찍혔다. 그 작은 코에서 피가 쏟아졌다. 아이를 들쳐 업고 응급실로 갈 때의 그 마음은 지금 이 글을 쓰는 지금도 나를 눈물 짓게 한다. 내 인생에 가장 아픈 순간 중의 한 순간이다.

그렇게 하루하루를 보내며 원아 수는 80명까지 늘었다. 임대였던 어린이집에서 더 이상 아이들을 포용할 수가 없었다. 어둡고 습한 어린이집에서 햇빛 가득한 창문이 넓은 어린이집을 짓기로 하였다. 무조건 밝은 어린이집에 나의 꿈이였다.

새로 지은 어린이집은 모두가 보내고 싶고 누구나 오고 싶은 어린이집으로 완성되었다. 정원 116명은 언제나 풀이였고 제발 의자 하나만 놓고 받아달라는 학부모들의 민원에 또 하나의 어린이집을 설

럽 너무도 바쁜 일상의 연속이였다.

두 어린이집의 교직원이 30명 이룰 것 다 이룬 것 같았던 날들이지만 무언가 정체된 느낌이 들었다. 그래서 다시 대학에 입학했고, 졸업 후엔 대학원까지 진학했다.

누구보다 빠른 하루를 시작하여 아이들을 챙기고 낮에는 일하고, 밤에는 수업을 들었다. 하루 24시간 중 내 시간이란 없었다. 수면은 5시간이 고작이었지만, 그마저도 부족하지 않았다. 잠이 많지 않았던 주경야독은 그냥 껌이였다. 박사과정을 밟으며 탈모와 시력 저하로 고생했지만, 남편의 응원은 나를 버티게 했다.

"힘내. 잘하고 있어."
그 한마디에 나는 다시 책을 펴들었다.
나는 지금 누리는 성공은 가족 덕분이라 생각한다. 가족은 경제공통체, 운명공동체라고 하는데, 힘든 일이 있을 때 가족은 내 삶의 에너지다. 가족에게 감사하다.

석사를 하면서 강의 기회가 생겼다. 어린이집 운영 경력과 어린이집 연합회에서의 나의 위치가 강의를 하게 만들어 주었다. 처음에는 보육교사 과정 강사로 추천받았다.

2010년 과기대 보육교사교육원 아동 발달론과 보육시설 운영 관리 과목을 맡아 강의를 시작했다. 무슨 용기와 학교의 믿음이였는지

처음부터 두과목이나 수업을 하게 되었다. 처음에는 모든 게 힘들었다.

　참고문헌들을 보고 수업계획서 만드는 것부터 ppt를 만들고 아이스브레이킹을 습득하고 인터넷 강의를 듣고 잘하는 강사들의 수업을 듣고 또 들으며 나만의 수업을 만들어 갔다.

　2015년 대학교 강의를 시작했다. 청암대학교 아동 수학지도를 시작으로 진주를 넘어 경남보육교사 교육원에서 까지 강의 의뢰가 왔다. 사이버 평생교육원까지 강의를 하며 말그대로 어린이집 원장을 하면서 강의로 승승장구 하였다.

　보육교사, 부모교육, 조부모교육, 청소년상담교육 등 여러 과목을 가르쳤다. 학교 강의의 장점은 같은 ppt를 사용해도 되는 것이다. 물론, 대상과 상황에 따라 나의 강의 스킬은 다양하게 변화한다.

　 강의는 상대에 맞추어야 한다. 아무리 내가 똑똑하고 잘 가르쳐도 어려운 말은 상대에게 도움되지 않는다.
　석사논문을 쓰며 또 다른 해답을 찾아갔다. 학위를 받고 나서 내 삶을 한 번 더 변화시켰다.

　원조긍정녀, 최장군 내게 붙여진 별명이다. 처음 들었을 때는 부담이었는데, 자꾸 듣다보니 좋다. 식당도 원조 식당이 제대로다. 절대 긍정, 초긍정 다양한 이름이 있는데, 원조긍정 마음에 든다. 나의 결핍은 나를 원조 긍정리더로 만들었다.

결핍이 반드시 나쁜 것은 아니다. 오히려 나의 경우 내 삶의 강력한 에너지다. 결핍은 고통이기도 했지만, 동시에 가장 강력한 에너지였다. 자존감이 낮았던 내가 학위를 따고 강의를 하게 된 것도, 어릴 적 그 결핍이 나를 부지런하게 만들었기 때문이다

이제 나는 말할 수 있다.
"결핍은 가장 큰 선물이다."

어떤 이는 부모가 가난해서, 배우자가 무능해서, 외모가 부족해서, 나이가 많아서 좌절한다. 하지만 그 모든 결핍이 나를 움직이는 동력이 될 수 있다.

나는 그걸 경험했다. 나는 앞으로도 이 결핍으로 원조긍정을 잘 만들어가야겠다. 그리고 지금, 강사로서 수많은 사람들에게 그 이야기를 전하고 있다. 결핍을 강력한 동기부여 에너지로 만들어보라. 결핍은 가장 큰 선물이다

#3

강의 사례 : 조부모 교육

건강하게 어른 되는 법

아이들의 생활에서 아이의 '거울'은 단지 부모가 아니라 조부모일 수도 있다는 사실을 깨달은 것이다. 그래서 나는 '조부모 교육'이라는 새로운 강의 분야에 관심을 갖기 시작했다.

일반적으로는 학부모 교육을 한다. 나는 학부모 교육 전문 강사다. 자녀의 발달 단계 이해와 양육법, 감정코칭과 공감적 대화법, 훈육과 자기조절력 키우기, 부모-자녀 관계 향상 프로그램, 문제행동 이해와 대응법 등을 강의하고 있었다.

아이가 바뀌려면 할아버지, 할머니부터 나는 "조부모 교육"을 하기로 마음먹었다. 어떻게 하면 자연스럽게 진행할까 고민했다. 조부모 교육은 다르게 접근해야 했다.

첫 강의는 부담도 컸고, 반응도 알 수 없었다. 하지만 나는 확신했다. 지금 이 시대에 꼭 필요한 교육이라는 것을 직감적으로 알았다.

첫 조부모 교육은 소박한 공개 강연 형식으로 시작했다. "건강한 어른이 되는 법"이라는 주제를 중심으로, 손주에게 어떤 언어를 사용해야 하는지, 감정을 어떻게 다뤄야 하는지에 대해 이야기했다.

나의 강의를 듣고 욕설이 일상인 할머니가 조금씩 바뀌어 갔다. 말투가 부드러워지고, 손주를 대하는 눈빛이 달라졌다. 욕설이 일상이였던 영훈이 역시 점차 욕설이 줄어들고, 친구들과 어울리는 시간이 늘어났다.

조부모 교육의 중요성을 절실히 느낀 순간이었다. 학부모 교육이 부모를 위한 것이라면, 조부모 교육은 가족 전체를 위한 것이다. 자녀에게 쌓인 울분이 손주에게 고스란히 전달되지 않도록 하는 예방 교육이기도 하다.

지금도 나는 꾸준히 조부모 교육을 한다. 어르신 학교에서도, 지역 노인대학에서도. 그들이 건강한 어른으로 거듭 나야 그 손주들도 바르게 자랄 수 있기 때문이다.

교육은 단지 기술을 가르치는 것이 아니다. 삶을 돌아보고, 다음 세대에 무엇을 물려줄지를 성찰하는 일이다. 그리고 그 시작은 가장 가까운 가족, 바로 '조부모'에서부터 시작된다. 화, 울분을 잘 다스리는 사람, 말한마디도 바꿔서 할 수 있는 사람, 교육의 힘이다. 건강한 어른이 건강한 아이를 만든다.

요즘의 나는 보육교사를 위한 강의에서 노인대학이나 조부모 강의를 하고 있다. 진주시에 있는 네 개의 노인대학에서 지금은 사천에 있는 노인대학까지 보통 사람에게는 조금 부끄러운 건강한 나의 몸집이 어르신학교에서는 든든한 몸으로 칭찬받는 중이다. 내가 살아온 사람 좋아하는 그 많은 일들이 어르신 강의에서는 수 많은 사례로 사랑받는 강사가 되었다.

#4

터닝포인트
넘어지면서 깨달은 삶의 교훈

누구에게나 '인생의 브레이크'가 걸리는 순간이 있다. 멈추고 싶지 않아도, 속도를 내고 싶어도, 몸과 마음이 따라주지 않아 강제로 멈추게 되는 순간 말이다. 나에게 그 순간은 '건강'이었다.

가정과 일, 공부, 사회생활들로 톱니바퀴처럼 바쁘게 지내던 어느 날이었다. 법적인 건강검진의 시기도 놓칠 정도로 바빴다. 내몸의 이상 신호로 건강검진을 하게 되었다. 검진결과 그냥 간 수치가 조금 높은 정도로 의사는 피곤하면 그럴 수 있다로 치부했다. 막상 수치를 본 나는 평상시 자주 느꼈던 피로감과 어지러움을 떠올리며 정밀 검사를 받기로 했다. 의사 선생님은 딱 봐도 건강하다며 너무 걱정하지 말라며 괜한 건강염려증 환자처럼 보는 듯 하였다.

병원 진단 결과, 초기 신장암이었다. 면역력도 떨어지고 있었고, 장기적인 피로가 누적되어 있었다. 내가 발병한 시기의 신장암은 우리나라 암 발병율의 3%의 희귀암으로 분류되고 있었다.

그때만 해도 신장암과 췌장암은 암 발견이 어려워 알고 나면 말기 암으로 치료가 어려웠다. 너무도 복 많은 나는 그 어려운 암을 초기에 발견하게 된 것이였다. 원인이 있는 것도 가족력도 있는 것이 아니다.

다른 사람이라면, 병을 무조건적으로 원망하기도 바빴을텐데, 긍정의 나는 네 명 중에 한 명이 암이라는 우리나라 통계를 보며 우리 가족 중 내가 제일 병을 이길 능력이 갖추어져 있으니, 다행이라며 남편을 위로했다.

딸들에게는 너무 미안했다. 일이라는 핑계로 엄마의 역할을 제대로 하지도 못했는데 그런 부족한 엄마가 이제는 암이라는 가족력을 아이들에게 물려 줄 수 밖에 없었고 나의 건강도 확신하기 어려웠다.

더 큰 문제는 '심리적 무기력'이었다. 몸이 아프니 마음도 무너졌고, 늘 나를 지탱하던 자신감이 흔들렸다. 암은 남의 이야기인 줄 알았다. 드라마에 나오는 소재라고 생각했다.

"내가 이걸 왜 하고 있지?"

문득 그런 생각이 들었다. 아이들에게 좋은 엄마가 되고 싶어서 시작했던 일, 아이들에게 나처럼 무엇인가가 필요한데도 가질 수 없는 슬픔을 가지지 않게 하려고 무조건 열심히 일한 것, 꿈을 향해 계속 달렸던 공부와 강의. '해야 하는 일'이 되어 나를 짓누르고 있었다. 나는 무의식적으로 책임과 의무에 매몰되어갔다.

그럼에도, 나는 모든 걸 내려놓고 하루를 온전히 나를 위해 보내는 시간을 선택한 것이 아니라 나의 병을 다른 사람이 알까 봐 전전긍긍하며 하루 하루를 보냈다. 누군가 나의 병을 알고 괜찮냐고 물어보는 것으로도 그 사람이 싫었다. 어쩔 수 없이 수술을 하면서 나에게 주어진 텅 빈 하루. 처음엔 낯설었고, 허전했다. 하지만 하루, 이틀 지나면서 생각이 조금씩 정리되기 시작했다.

"나는 무엇을 위해 여기까지 왔을까?"
"진짜 나를 행복하게 하는 건 무엇일까?"
답은 명확했다. 사람.
나는 사람을 만나고, 그들과 이야기하고, 그들이 변화하는 걸 보는 게 좋았다. 그것이 내가 강의를 계속하고, 새로운 프로그램을 기획하며, 아무리 피곤해도 다시 일어서는 이유였다.

그러자 마음이 조금씩 회복되기 시작했다. 몸도 따라오기 시작했다. 강제멈춤은 결국 내게 가장 필요한 '쉼'이었고, 새로운 도약을 위한 준비시간이었다.

이후, 나는 무조건 열심히 사는 삶에서 '균형'을 중요시하게 됐다. 외부강의를 줄였다. 교사를 더 채용하였고, 내 건강을 위해 헬스를 하고, 수영을 하였다. 나에겐 어려운 일이기도 한 수면을 늘리려고 노력했다.

일도 중요하지만, 건강도 중요하다. 특히, 프로 강사에게 건강은 제1순위다. 또한, 성공도 의미 있지만, 지금 내 옆에 있는 사람들과의 관계가 더 소중하다.

이 깨달음은 이후의 강의에도 큰 영향을 미쳤다.
예전엔 효율과 정보 중심의 강의를 했다면, 지금은 '삶을 나누는 강의'를 한다. 실패담도 이야기하고, 슬럼프를 고백하며, 그 안에서 내가 어떻게 다시 일어섰는지 전한다.

"넘어지고, 실패하면 끝이라고 생각하죠? 넘어진 자리에 꽃이 핍니다. 넘어진 김에 드러누워 하늘 한 번 더 볼 수 있습니다."
강의의 마지막, 자주 하는 말이다. 넘어졌던 그 자리에서, 나는 더 단단해졌고, 더 따뜻해졌다. 그리고 이제는 그 꽃을 누군가에게 건넬 수 있게 되었다. 그리고 사람마다 꽃피는 시기가 다름을 인정하게 만든다.

#5

내 인생의 전성기
나의 전성기는 아직 오지 않았다

교장선생님, 지금이 전성기 아닌가요?"

가끔 수강생들이 이렇게 묻는다. 학부모 강의, 대학교 강의, 협회 강의, 시니어 강의 등 다양한 강의를 한다. 어르신 학교도 운영하며 바쁘게 살고 있다. 수강생이 겉보기에는 그렇게 보일 수도 있다. 하지만 나는 항상 이렇게 대답한다.

"아니에요, 제 전성기는 아직 오지 않았어요."

이 말은 단순한 겸손이 아니다. 나는 늘 무언가를 배우고, 시도하고, 변화하는 중이다. 요즘은 요가를 꾸준히 배우고 있다. 잘 되지도 않는 골프를 배우고 있다.

처음 요가를 배울 때 자세를 배우는데 힘들었다. 너무도 굳어진 근육 때문에 매일 매일 요가원에 가는 게 곤욕스러웠다. 하루가 지나고 한 주가 지나고 차츰 내 몸의 굳어있던 근육들이 조금씩 펴지는 것을 느끼며 언젠가는 나도 남들처럼 다리펴기를 가로 일자는 힘들어도 똑바른 기역자로는 펼 수 있겠구나 하는 희망을 가져 본다.

지금의 성취는 단지 그 과정 중 하나일 뿐이다. 아직도 나에겐 배우고 싶은 것이 많고, 해 보고 싶은 것도 많다.

지금까지의 시간은 준비였다고 생각한다. 어린이집 교사로 시작해 어린이집 원장으로, 강사로, 교수로, 그리고 어르신 교육자로까지 이어진 시간은 끝이 아니라 '연결'이었다.

마치 요람에서 무덤까지 연결되는 것과 같다. 하나의 직업에서 끝내지 않고, 그 경험을 다음 단계로 확장해 온 시간이었다.

때로는 너무 많은 역할을 감당하느라 힘들 때도 있었다. 엄마이자, 아내이자, 딸이자, 강사이자, 원장이자, 교수이자, 동료이자, 선배로 살아가는 건 쉽지 않다. 하지만 그 수많은 역할 속에서도 공통된 나의 정체성은 '결핍에서 시작하는 배움과 나눔'이다. 어르신들 눈높이에서 보면 '오지라퍼 교장쌤'이다.

나는 안다. 진짜 전성기는 어떤 타이틀을 달았을 때가 아니라, 내가 가장 나다울 때 온다는 것을. 나를 필요로 하는 사람이 많아질 때, 나의 강의가 누군가의 인생을 바꾸었을 때, 한 사람의 성장이 내 안의 보람이 되었을 때, 그때 비로소, 나는 '지금이 전성기다'라고 말할 수 있을 것이다.

나는 아직도 '무대 위에서 강의하는 내 모습'을 떠올리며 설렌다. 아직도 가슴 뛰는 목표가 있고, 아직도 새벽마다 무언가를 쓰고, 배우고, 나눈다.

나는 오늘도 말한다.
"나의 전성기는, 아직 오지 않았다."
그리고 이 말은, 지금의 삶을 더 뜨겁게 살아가게 하는 가장 강력한 주문이기도 하다."

#6

메시지

다시, 태어나도 교육자다

"결핍에서 변화가 시작된다."
강의를 처음 시작했을 때만 해도 내 이야기가 누군가에게 도움이 될 거라 기대하지 않았다. 그저 내가 살아낸 경험을 조심스럽게 꺼내어 전했을 뿐이다.

　시간이 지나며 알게 되었다. 나의 작은 경험이 누군가에게는 살아있는 교과서가 된다는 사실을 말이다. 나의 눈물과 실수, 부족함과 결핍이 누군가에게는 삶을 바꾸는 계기가 될 수 있다는 것을 깨달았다.

　강사는 단순히 지식을 전달하는 사람이 아니다. 강사는 '사람을 위한 진심'을 품고 강단에 서는 사람이다. 때로는 한 문장이 인생을 뒤흔들고, 때로는 한 번의 피드백이 전혀 다른 미래를 열기도 한다. 강의란 정보 전달이 아니라, 사람과 사람 사이의 진정한 만남이다. 그래서 강의에는 기술보다 마음이 먼저 와야 한다.

수업을 마치고 나면 자주 듣는 말이 있다.
"교수님, 저도 교수님처럼 되고 싶어요."
"교수님은 하루에 잠을 몇 시간이나 자세요?"
그 말들이 참 고맙고도 부담스럽다. 사람들은 나를 타고난 강사라고 말하기도 한다.

　나는 안다. 나는 결코 타고난 강사가 아니다. 나는 끝없이 배우고 훈련하는 사람이다. 실수한 만큼 성장했고, 부족했던 만큼 더 많이 고민했다. 나의 결핍이 나를 더 깊이 있는 강사로 만들었다.
나는 다시 태어나도 교육자의 길을 걷고 싶다. 왜냐하면 교육은
사람을 살리는 일이기 때문이다. 누군가의 가능성을 깨우고, 그
가능성이 열매 맺을 수 있도록 기다리는 일이 바로 교육이다. 물론
강사의 삶은 외롭고 고단하다. 그러나 그만큼 보람 있고 의미 있는
길이라고 믿는다.

"나도 할 수 있을까?"라는 질문을 떠올렸다면, 나는 분명히 말하고
싶다.
"당신도 할 수 있다."
말을 잘하는 사람이 되는 것이 아니라, 진심을 전하는 사람이 되면
된다. 그리고 그 진심은 언젠가 반드시 누군가의 마음에 불을 켜줄
것이다.

　당신만의 강의실을 상상해 보라. 당신의 말을 진지하게 듣는
수강생, 그리고 당신의 강의를 통해 다시 일어서는 한 사람.
그날이 오면, 그것이 바로 당신의 전성기다.

훌륭한 교사는 설명한다.
뛰어난 교사는 모범을 보인다.
위대한 교사는 스스로 하고픈 마음이 생기도록 한다.
-윌리암 아서워드-

그리고,

평범한 강사는 말을 전한다.
훌륭한 강사는 설명한다.
뛰어난 강사는 모범을 보인다.
위대한 강사는 스스로 하고픈 마음이 생기도록 한다.
-윌리암 아서워드-

에필로그

이 책은 '가르치는 사람'이 아니라 '사람을 일으키는 이들'의 이야기다. 세상을 바꾸는 힘은 언제나 거창한 방법이나 화려한 기술에서 나오지 않았다. 그것은 늘 사람의 마음에서 비롯되었다. 넘어지는 이를 일으켜 세우고, 잠시 멈춘 이에게 다시 걸음을 내딛게 하는 힘. 그 힘은 지식이 아니라 태도에서 시작된다. 우리는 그 단순하지만 가장 근본적인 진리를 이 책 속에 담고자 했다.

글을 써 내려가며 우리는 수없이 흔들렸고, 또 다시 다짐했다. 더 잘 쓰고 싶은 욕심보다 더 깊이 공감하고 싶은 마음으로 쓰자, 수강생들에게는 더 많이 가르치려는 열정보다 한 사람이라도 동기부여하고자 살아 왔던 이야기를 하루하루를 쌓아갔다. 서로의 문장을 다듬어주고, 마음이 막힐 때는 긴 이야기를 들어주며, 어느새 우리는 '함께 걷는 법'을 배웠다. 이 책은 그 여정의 기록이자, 우리가 서로에게 보낸 응원의 흔적이다.

치열하게 삶의 현장을 살아내는 프로 강사님들이 하루를 마치고,

밤마다 모였다. 삶을 엮어낸 최영숙, 박채은, 송원영, 강혜라, 김미현 작가님. 그들은 멈추지 않았다. 때로는 피곤에 젖은 얼굴로, 때로는 작은 성취에 미소 지으며, 끝내 이 책을 완성해 냈다. 각자의 자리에서 쏟아낸 마음의 조각들이 모여 하나의 이야기가 되었고, 그 온도가 바로 이 책의 체온이 되었다. 그들의 이름 하나하나가 문장이 되었고, 그들의 시간 하나하나가 따스한 여운으로 남았다. 나는 그들에게 깊은 존경과 진심 어린 갈채를 보낸다.

우리는 글을 쓰며 깨달았다. 가르치는 일은 '전달'이 아니라 '동행'이라는 것을. 누군가에게 지식을 나눠주는 순간보다, 그 사람의 내면에 불씨를 발견하게 도와주는 순간이 더 크고 오래 남는다는 것을. 누군가의 인생 한 페이지에 작은 밑줄 하나라도 그어줄 수 있다면, 그것만으로도 강사의 길은 충분히 찬란하다는 것을.

이 책이 바로 그런 따뜻한 밑줄이 되기를 바란다. 지금도 강의의 길 위에서 묵묵히 걷고 있는 이들, 그리고 곧 그 길에 들어설 이들에게 이 책이 조용히 펼쳐져 잠시의 쉼이 되고, 한 줄의 위로가 되기를 되기를 바라며 이 책을 마무리한다.

총괄기획 박선희